SHENGTAI ZHIHUI JIAOYU LINIAN XIA
JITUANHUA BANXUE DE ZHILI TIXI YU
ZHILI NENGLI

生态智慧教育理念下集团化办学的治理体系与治理能力

陆云泉 著

北京理工大学出版社
BEIJING INSTITUTE OF TECHNOLOGY PRESS

版权专有　侵权必究

图书在版编目（CIP）数据

生态智慧教育理念下集团化办学的治理体系与治理能力 / 陆云泉著 . -- 北京：北京理工大学出版社，2023.6

ISBN 978-7-5763-2482-2

Ⅰ．①生… Ⅱ．①陆… Ⅲ．①基础教育—办学组织形式—研究—中国 Ⅳ．①G639.28

中国国家版本馆 CIP 数据核字（2023）第 108438 号

出版发行 / 北京理工大学出版社有限责任公司
社　　址 / 北京市海淀区中关村南大街 5 号
邮　　编 / 100081
电　　话 / （010）68914775（总编室）
　　　　　 （010）82562903（教材售后服务热线）
　　　　　 （010）68944723（其他图书服务热线）
网　　址 / http://www.bitpress.com.cn
经　　销 / 全国各地新华书店
印　　刷 / 三河市华骏印务包装有限公司
开　　本 / 710 毫米 × 1000 毫米　1/16
印　　张 / 12.25　　　　　　　　　　　　责任编辑 / 徐艳君
字　　数 / 161 千字　　　　　　　　　　　文案编辑 / 徐艳君
版　　次 / 2023 年 6 月第 1 版　2023 年 6 月第 1 次印刷　责任校对 / 周瑞红
定　　价 / 68.00 元　　　　　　　　　　　责任印制 / 李志强

图书出现印装质量问题，请拨打售后服务热线，本社负责调换

前 言
PREFACE

党的十八大以来,教育领域全面深化改革,大力推进教育优质均衡发展,努力办好人民满意的教育。作为基础教育领域政府主导下的一种办学模式的创新,教育集团化办学首先带来的是教育组织管理的创新。它是一种以契约为纽带构建的大规模多层次组织形态,是通过优势互补或以强带弱,推进教育资源优质均衡发展的办学模式。

北京市第一〇一中学(简称北京一零一中)坐落在圆明园遗址公园内,东邻清华大学,南接北京大学,占地面积20万平方米,是现代都市中独特的园林式学校,被誉为北京市最美中学。北京一零一中是北京市重点中学、北京市示范性普通高中、新课程新教材实施国家级示范校。学校于1946年建校,是中国共产党在革命老区创办并迁入首都的唯一一所中学。郭沫若先生题写校名,释其含义为"百尺竿头,更进一步",并以此作为校训。北京一零一中学教育集团成立于2019年5月,现有16个分校区,学段涵盖从幼儿园到高中,学生总数过万人,教职员工一千多人。

北京一零一中学教育集团以培养"未来卓越的担当人才"为育人目标,探索"面向未来的生态智慧教育",坚持"守正出新",形成了大气、包容、务实、担当的优良校风。在集团化办学实践中,北京一零一中学教育集团不断以制度创新和制度供给回应集团化发展的现实需要,从制定集团总章程,到改革垂直化管理体系为扁平化管理体系,再到提出"六个一流"建设目标,为集团内部治理体系的完善和治理能力的提升做了有益探索，为教育集团的高品质可持续发展提供了内生动力。

北京一零一中学教育集团在关注学生的生命、生活、生长和探索"面向未来的生态智慧教育"的理论和实践中，努力构建智能化学习支持环境，逐步建设基于人工智能和大数据技术的个性化学习平台和应用场景，上述实践和思考为本书的出版奠定了基础。

本书主要内容分为导论篇、生态智慧教育篇、集团化办学篇、教师发展篇、学生发展篇和附录篇（媒体专访实录）等，详细地把我们在生态智慧教育理念下集团化办学的一些经验分享给各位读者。衷心希望各位读者阅读以后能够给我们提出宝贵的意见和建议。

再次感谢各位读者的阅读和同事们的支持！

陆云泉
2023 年 6 月

目　录
CONTENTS

导论篇 ………………………………………………………………（ 1 ）

第一篇　生态智慧教育

构建面向未来的生态智慧教育 ……………………………………（ 17 ）
生态智慧教育与未来学校优质发展 ………………………………（ 25 ）
生态智慧教育与创新人才培养 ……………………………………（ 32 ）
生态智慧教育促进教育教学提质增效 ……………………………（ 41 ）

第二篇　集团化办学

集团化办学中的北京市海淀区基础教育 …………………………（ 55 ）
集团化办学的治理效能与"六个一体化" …………………………（ 65 ）
集团化办学中学校现代化的4E价值维度 …………………………（ 73 ）
集团化办学中知识创生与高质量发展 ……………………………（ 85 ）
集团化办学中学校管理变革与创新 ………………………………（ 98 ）
集团化办学中和合共生与文化认同 ………………………………（111）

第三篇　教师发展

教师链式校本研修课程的建设与实施 ……………………………（121）

以学习共同体研修助力教师专业发展 …………………………（135）

第四篇　学生发展

学生成长共同体与家校社协同育人 …………………………（145）
全学科阅读：学校育人方式变革的有效路径 …………………（151）

附录篇　媒体专访

站在教育迭代的节点上办教育 …………………………………（159）
最好的教育就是适合的教育 ……………………………………（167）
信息技术赋能教育，生态智慧引领未来 ………………………（175）
一直走在创新变革的路上 ………………………………………（183）

导论篇

2018年9月全国教育大会召开后,加快推进教育现代化、建设教育强国,成为我国教育改革与发展的主旋律。

基础教育是整个教育体系的基础,基础教育的现代化对于建设教育强国发挥着重要作用。

一、基础教育存在的突出问题

改革开放以来,我国的基础教育取得了卓越成就,但是,仍然存在诸多问题亟待解决。这些问题集中表现在基础教育的培养目标、教育体系、课程内容、教学方式、管理体制机制、教师队伍等方面。

当前,基础教育的培养目标存在的突出问题是:许多地区和学校是以培养学生的"应试能力"为核心,追求的是培养"会考试的人",而不是"会创新的人"。为此,我国的基础教育需要实现工作重心的转移,需要由"分数挂帅"转向"创新为王",需要把培养21世纪现代人尤其是创新能力的目标落到实处,需要改革教育评价考试制度,发挥"指挥棒"的导向作用,实现教育目标的升级换代,需要扭转不科学的教育评价导向,坚决克服基础教育中存在的唯分数、唯升学的顽瘴痼疾,从根本上解决教育评价指挥棒问题。

当前,基础教育的教育体系存在的突出问题是:许多地区和学校过分重视均衡教育,缺乏对优质教育的重视,尤其缺乏对拔尖创新人才的培养,存有英才教育的短板。英才教育必须从娃娃抓起,从基础教育抓起。我国的拔尖创新人才培养,重心偏高,往往是到了大学阶段才开始重视,实际上,已经太晚了,经过12年的中小学应试训练,许多英才儿童的思维已经固化了,思想也已经僵化了。英才教育应该从幼儿园就开始实施,而且英才教育并不是简单的"把神童单独编班"进行教学,而是应有合适的模式和机制,要全社会都引起重视,学校要让英才儿童能获得有针对性的教学支持,以充分发展其潜能。

当前,基础教育课程内容存在三个突出问题。一是课程建设中,内容繁难偏旧、空疏无用,与21世纪的时代要求不相吻合,与学生发展核心素养不能精准对接。二是课程实施中,课程内容被人为窄化,尤其在中学课程实施中,往往为考而教、为考而学,考什么就教什么、学什么,做不到开齐开足课程。三是课程实施中,不能满足学生的兴趣爱好,不能较好地促进学生的个性发展。

当前,基础教育的教学方式相对单一、陈旧,学生课业负担很重,学生成为接纳知识的容器,处于被动状态,学生的积极性主动性创造性受到压抑。

当前,基础教育的教育管理存在的突出问题是:随意性和情绪化突出,学校缺少办学自主权,办学活力不足,利益相关者参与管理不够。

当前,基础教育的教师队伍建设方面存在突出问题是:教师专业化程度有限,创新性不够,结构性缺编严重。

二、基础教育遇到的主要挑战

中国的基础教育到 2035 年要实现现代化,教育现代化是社会现代化的重要组成部分。《中国教育现代化2035》和《加快推进教育现代化实施方案(2018—2022)》,明确提出了推进教育现代化的总体目标和实施路径。

基础教育的现代化是基础教育现代性不断增长和实现的过程。而基础教育的现代性主要体现在以下几个方面:

一是人道性,即现代教育的优质性、公平性和终身性;二是科学性,即教育的发展必须是理性化的,要求从事教育的人做到实事求是,遵循学生身心发展规律,基于数据和证据,实施教育教学与管理活动;三是民主性,即要求广泛的民主参与,反对专断武断,尊重教育主体的知情权、决策权和监督权等,尊重民情民意;四是法治性,即教育的发展必须建立在法治化的基础上;五是专业性,即人的专业化,这里的"人"既包括教师队伍,也包括校长队伍,还包括教育行政部门人员、教育培训人员、教育教学研究人员等;六是国际化,即教育的发展不能闭门造车,而是要通过多种方式,借鉴世界上其他国家的先进经验,吸收人类文明的优秀成果,积极促进本国教育的现代化;七是信息化,即充分利用先进的技术手段,促进教育教学方式和管理方式的转变。

可事实是,中国的基础教育离现代化还有很远的路程,面临诸多挑战。

在人道性方面,目前的教育对学生还存在不人道的地方。比如,一些学校和教师对于教育作用的理解还过于功利与狭隘,导致学生的学业负担重,应试压力大;师生关系不民主,个别教师对学生不够尊重,管理方式专断,等等。另外,人道性中包含公平,但现在的教育仍存在区域差异、城乡差异、校际差异和群体差异，这些都是亟须解决的问题。所以办好学校，教好学生，我们还有很长的路要走。

在科学性方面，教育领域中的很多决策还不够合理。有些地方的决策离合理性还有相当大的差距，想怎么办就怎么办的问题依然很突出。另外，对中小学检查验收过多、学校办学自主权不够、大班额现象等，都属于不合理现象，都与科学性相悖。

在民主性方面，教师对学校工作的参与力度还不够，很多学校的教代会形同虚设，没有发挥实质性的作用；中小学生参与学校教育的体制机制缺失，主人翁意识得不到激发；家长参与学校教育的程度还不够，家长建设学校的意见得不到尊重。

在法治性方面，我国的教育立法还不是很健全，相关的法规、制度不完善。教育的发展必须有法律的保障，否则一些教育改革就会在某种程度上受到各种人为因素的影响，带有一定的随意性。

在专业性方面，教师队伍和校长队伍的专业化建设仍然存在比较多的问题。比如，校长应该具备现代精神，在管理过程中提升人，以管理育人。但是，现在仍有很多校长在管理中没有意识到人是主体而不是工具，没有充分激发人的发展需求。

在国际化方面，有些学校将教育国际化等同于表面化的迎来送往，国际交流流于形式，没有深度。教育国际化除开展国际交流、引进国外课程、聘请外教讲学外，还可以做得更为深入。其实，真正的教育国际化是吸收人类文明的优秀成果，促进教育的各个方面的全面优化。

在信息化方面，一些教师的信息化能力不强，对信息技术用得还不够；有些教师则对信息技术用得过度，出现了侵犯人格尊严和隐私权等问题。

教育现代化是一个复杂的变迁过程，所以我国基础教育在现代化进程中出现与理想目标存在差距属于正常现象。基础教育现代化发展中出现的问题，需要政府和学校共同去解决。当然，教育现代化并不只是政府和学校的事情，它和每位教师和学生都有密切的关系。总的来说，推进教育现代化，教育发展的方式要转变：一是学生学的方式，不能死读书；二是教师教的方式，不能满堂灌；三是政府和学校管的方式，不能管得过死。

同时，中国的基础教育遇到以下重大挑战：

一是如何将"以人为本"的教育理念落到实处。

进入20世纪之后，尤其进入新时代以来，我们逐渐认识到了"人"的重要性，提出了"以人为本"的科学发展观，在"以人为本"的教育观念指导下，我们的教育政策、教育行为、教育评价等都必然要进行相应的改变，这对当前的教育来说无疑是一次巨大的挑战。

二是如何看待"终身教育"的地位和价值。

教育，绝不仅仅是在学校的事情；学习，也绝不仅仅是人生某一阶段的任务，应该成为个体一生和社会发展不可分割的、内在必需的构成。学校教育必须要培养学生终身学习的习惯，让他们在人生的整个历程中，持续不断地拥抱教育。社会也要承担起相应的责任，对在校学生进行职业启蒙和职业生涯的规划和辅导，提醒学生一个人要能够在社会上立足，必须要进行终身教育，必须养成终身学习的习惯。

三是如何借助人工智能来撬动基础教育的变革。

当下，人工智能、互联网和智能终端业发展迅猛，已经在不知不觉之中改变了我们的生活，颠覆了我们的学习方式。如何顺势而为，利用好信息技术提高我们的信息技术素养，助推我们的教育教学改革和学习方式变革，成为摆在我们面前的重大挑战。

四是如何从学校管理走向学校治理。

"管理"和"治理"，虽然一字之差，但其含义有很大的区别。现在的学校，大都信奉教育管理，以管理主义见长。教育的着眼点不是为了让学生尽量学到、得到最好的东西，而是通过考试等多种途径把学生划分等级，这是管理主义最典型的标志。教研组讨论统一命题，规定评分标准，统一进度，统一考试，就像制造工业品，将教师的教学个性和学生的学习个性抹平在统一标准前；学校强调统一要求，凡是不按照统一要求而发生的行为，都会被认为是违规违纪。在这样的环境下,学生学会了顺从与乖巧,以迎合家长和教师的心理。

"治理"相较于"管理",是一种多元、开放、互动的行为模式,重在克服"管理"行为的人为性、单向性、封闭性、控制性、约束性、垂直性等弊端,注重发挥自主性、能动性,更加注重激发内生动力,更加注重和谐局面的构建。学校治理的核心是建立现代学校制度,它包括确立学校的办学章程,建立章程统领下的学校制度体系,明确学校的发展愿景,并制定发展规划,建立自评机制保障规划的顺利实施以让学校办学逐渐接近愿景,等等。现代学校制度的基本特征是依法办学、自主管理、民主监督、社会参与,要充分发挥教师的专业自主权,要给予学生、家长和社会各界平等参与学校事务的权利。要厘清学校与教育行政部门、与社会的关系,确立学校的办学自主权,要处理好校内关系,形成学校内部的民主风气。生活性的教育,必然会积极回应家长和社会、教师和学生对学校工作的知晓与监督、参与与表达。

三、基础教育面临的重大机遇

一是以中国学生发展核心素养体系出台为契机,全力推进学科核心素养的研究和落地。

二是以建设未来智慧校园为突破口,推动学校课程的重塑和教学流程的再造。

在高质量实施国家课程的基础上,高起点地开发学校课程,让各个方面的专业人士、信息领域的专家和研究者、社会贤达、学生家长等共同参与到学校课程的建设中来,加强数字化课程的开发力度,让更多的课程可以在网络上实现共享,让学生能随时随地参与到课程的学习之中。要依据学生的个性特点,设置开放式的教学流程,通过翻转课堂等多种方式,给学生提供个性化的学程。重视学生学习数据的积累、挖掘和分析,研究学生学习行为背后的教育因素,指导学生更好地投身到学习之中。

三是以教育评价改革为抓手，着力改变社会的价值观和评价观，为学生全面健康的发展营造良好的社会环境，为社会未来的发展培育中坚力量。

四是以促进教育和社会各界融合发展为动力，形成教育和社会协同发展的良好态势。

教育要关注社会和居民百姓的需求，在力所能及的情况下开放学校的各种资源给老百姓共享。学校也要善于利用家长的资源、社区的资源，各种社会机构、社会组织等的资源，为学生创设丰富多彩的社会实践活动机会，让学生体会到知识的实际应用，更加深刻地理解学习的价值和意义。学校要推进法人治理结构建设，通过由教育专家、社区代表、家长代表、教师代表等共同组成的学校理事会，和家长委员会一道，定期讨论学校发展的重大问题，研究社区和学校共生的实践方案，探索终身教育意识和机制的建设，促进学校成为社区的文化高地。

从生存性的教育走向生活性的教育，挑战与机遇并存。众人拾柴火焰高。今天的基础教育，需要拆除自己设立的文化篱笆，需要聚合社会各方的力量和智慧来实现新的发展和跨越。这是时代发展的必然要求，也是未来教育的发展方向。

四、基础教育渴盼的理论创新

当前，随着教育改革的深入发展，教育认知正在发生着从知识授受走向关注人的全面发展与生命价值提升的时代转向，教育理论的逻辑及功能被重新理解和定位，极大地影响了教育研究的路向。在此背景下，以教育理论创新来积极应对教育实践变革中出现的新状况、新问题成为教育研究需要肩负的时代使命，而杜威的探究理论为我们理解教育实践变革的逻辑与教育理论创新提供了新的启示。

新时代需要新的教育理论。

教育理论要能够意识到教育实践变革的需要并与时俱进地对其做

出充分反映,只有这样才有可能实现创新。为了实现教育理论创新,需要教育理论工作者充分理解与接受教育实践变革的现状与趋势,并将这种理解转化为自己内在的理论需要和构建教育理论的学理依据。

教育创新可分为理论创新与实践创新两大类。理论工作者研究新的思想,形成新的理念。实践者将这些理念用到实践中去,在操作层面上落实。两类创新都很重要,而且缺一不可。不过两者的评价标准是不同的:前者强调理论层面的科学性,后者强调实践层面的可操作性,并且能将理论落到实处。

首先,教育研究要深刻认识到教育实践变革是教育理论创新的基础。充分认识到教育实践变革是影响教育理论创新的基本因素,深入理解教育实践变革的意义和趋势,恰当把握教育实践变革的时效性与复杂性。

北京一零一中始终在进行教育实践变革中,无论是在2007年开始的新课程改革,还是在2013年开启的新高考改革,尤其是2021年开始的"双新"改革中,始终在"守正"的前提下"出新";突出立德树人,改革教育目标;强调整体推进,改革教育体系;重视课程内容,重构课程建设;突出教育设计,改革育人方式;凸显能力素养,改革教学方式。在"生态智慧课堂"教育、国家课程校本化实施、拔尖创新人才培养、卓越教师队伍建设等方面与时俱进,不断创新,积极实践。

其次,在教育教学实际问题的解决中实现理论创新。教育理论创新不是标新立异和与众不同,而是以促进教育实践变革为目标,并借此提升个体创造幸福生活的能力为旨归的活动。要把教育理论置于全部实践变革中的一个恰如其分的位置,把它视为是分析、总结、完善教育实践变革的一个环节、一个组成部分。教育理论要紧贴时代脉搏,在促进教育实践变革中实现创新。随着当下教育研究实践转向的发生,有价值的教育理论除了对教育学学科问题进行澄清和研究,更要关注教育实践中的问题,尤其是与教育行动者当下的处境具有切身关系的问题。这就要求教育理论要能够以教育的心智和思维对教育世界进行审视和改造,以促进教育实践变革来实现创新,而非通过简单的搬运和借鉴变换教育言说的方式;要能够在时代精神的引领下,通过对教育现实问题的深入研究,帮助教育行动者更加有效地改造教育实践,促使个人、教育与社会之间和谐互动关系的建构;要能够密切关注新时代发展的现状和未来走向,为新时代的新教育营造良好的教育生态,提升教育理论的学术自觉性与自主性。

最后,回归教育原点,促使人的和谐生长。"教育的真正对象是全面的人,是处在各种环境中的人,是担负着各种责任的人,简言之,是具体的人",那么,回归教育的原点则意味着教育研究所关心的不再是抽象"大写"的人,而是教育世界里每一个鲜活的生命体。要充分意识到,人的生命的和谐成长是在其持续性的探究行动中通过经验的不断更新来实现的,教育理论的创新亦是为了促使教育实践回归原点,"让个体在不同发展阶段都能依照自身的内在基础与发展特点充分地显现自身,使得个体在不同发展阶段都能达到自身功能的最大化。"

北京一零一中在充分的教育实践基础上进行教育理论创新,在原有"自我教育"理论的基础上提出了"生态智慧教育"理论,是缘于当下的教育使命、应该对民族教育的贡献、未来教育发展的思考。

提及"生态智慧教育"这一理念,可以回溯到悠远的历史。

孔子是儒家思想的创始人,是我国古代最伟大的教育家,他创造并倡导的"敬天顺天""仁爱万物""取用有节""乐山乐水"生态伦理理念,将人与自然之间的关系上升到了共生共处的和谐境界,为人类处理人与自然之间的关系提供了理论依据和实践方略。

孔子"敬天顺天"的生态发展观主要体现在他的"敬天"与"顺天"思想中;"仁爱万物"的生态道德观不仅体现在爱同类的"人"上,也体现在爱非同类的"动植物"上,孔子的仁爱是"爱所有的人和物",孔子认为,人与自然要和谐共处,就必须发扬人与人之间的仁爱品格,并将之向外推衍扩展,泛爱过渡到自然万物;孔子一贯反对无节制地滥用自然资源,倡导"取用有节",人类生活于天地之间,对自然界不可能做到秋毫无犯,但要求人们在获取物质生活资料时一定要把握好"度",不盲目攫取;孔子主张"知者乐水,仁者乐山"的生态情怀观,是把自然山水人格化,以人性感悟自然之性,将人的主观能动性与自然山水结合起来。

孔子主张"有教无类""因材施教",遵循学生身心发展规律而教,依照人的"天命"顺性而教,把课堂还给学生,采用启发式教学,"不愤不启,不悱不发"。

儒家主张"天人合一",在发展的过程中将"仁爱之学"纳入其中,并解读为"人既是自然的一部分,也是万物之灵,可以积极参与天地宇宙间变化,人的积极作用不是去征服或控制自然,而是去辅助和促成"。

佘正荣指出,"生存智慧来源于生物对环境的适应,因而生存智慧就是生态智慧。""天人合一"思想中凝结着古人处理天人关系中最本真的生态智慧,儒家的"天人合一"思想从社会伦理的视角来观照人与世间万物之间的相互关系,从中窥探出自然万物的运行规律和生存智慧、自然界的存在状态和发展趋势,并以此为准则指导人类的生产生活。儒家"天人合一"思想中生态智慧的基本内涵主要包括,"仁民爱物"的尊重万物思想、"钓而不纲"的顺应规律思想、"与天地参"的万物和谐思想。"仁民爱物"即尊重万物,尊重自然万物,呵护生态环境;"钓而不纲"即顺应规律,顺应自然规律,注重生态平衡;"与天地参"即万物和谐,敬畏自然生命,关注生态伦理。

道家主张道法自然,提出了"道法自然"的宇宙观,认为人与自然应当和谐相处;提出了"无为而无不为"的政治理想,认为人与人应当和谐相处;认为"复归于朴""小国寡民",主张人与社会应当和谐相处。

佛家主张众生平等,不仅"众生皆有佛性",而且"佛性平等无分别""上从诸佛,下至傍生(畜生),平等平等,无所分别"。自然界中的一切众生都相待而有,互依互存,离开无情众生,有情众生无法存在,生命主体与其生存环境一体不二,密不可分。

陶行知提出了生活教育理论，主张"生活即教育""社会即学校""教学做合一"。"教学做合一"认为"生活即教育"是生活教育理论的核心，"社会即学校"是生活教育的场所，"教学做合一"是生活教育的方法。以学生为本，促人的教育理念发展；以学生为重，促学生全面发展；以学生为中心，促学生个性发展。

五、学校面向未来的生态智慧教育理论的溯源及确定

学校在办学过程中非常重视教学理论对于师生的引导，大致经历了以下几个阶段：

（一）"自我教育"理论

学校最早借鉴了苏霍姆林斯基的"自我教育"理论。

自我教育：是指人通过认识自己、要求自己、调控自己和评价自己，自己教育自己。

自我认识的三个层次：客观地认识自己、全面地认识自己、发展地认识自己；

自我要求的三个层次：形成动机，提出目标，安排计划；

自我调控的三个层次：自我强制，自我监控，自我调节；

自我评价的三个层次：选择标准，分析自己，肯定自己。

苏霍姆林斯基非常关注学生的自我教育，认为"只有能够激发学生去进行自我教育的教育，才是真正的教育"。

自我教育是学生能否真正接受教育的关键因素。

真正的教育不应总是牵着学生的手走路，而应该让学生独立行走，形成自己的生活态度。只有从学生个人心灵深处自觉接受的教育，才能在学生的人生成长中产生积极而深远的影响。

（二）"生态智慧教育"观

随着学校的发展，对教育的理解也在加深。

生态，指生物在一定的自然环境下生存和发展的状态，以及它们之间和它们与环境之间环环相扣的关系。

学校是一个生态系统，在生态校园里，有大树参天，有鲜花盛开，也有小草茁壮成长。

生态的教育，是绿色的、开放的、舒适的、宜人的教育，是尊重学生生命和学生成长规律的教育。

我们要尊重每个生命的成长、发展，要尊重每个生命的差异，相信每个生命个体都能获得应有的成功。

生态教育的内涵：

（1）有生态意识——尊重自然，和谐发展；改变人的观念、提升人的素质、改善人的行为；

（2）有生命价值——尊重规律，关爱生命，追求美好和幸福；

（3）追求可持续发展——面向未来，立足成长。

生态教育的特质：

（1）崇尚整体共进，全面和谐发展；

（2）注重相互促进，个性协同发展；

（3）强调开放融进，自主多元发展。

智慧，是基于生理和心理器官的高级创新思维，是生物所具有的基于神经器官的一种高级的综合能力，包含感知、记忆、理解、联想、辨别、计算、分析、判断、中庸、包容、决定等多种能力。

智慧是由智力系统、知识系统、方法与技能系统、非智力系统、观念与思想系统、审美与评价系统等多个子系统构成的复杂体系孕育出的能力。

智慧包括先天遗传的与后天习得的聪明才智、生理的与心理的机能、直观的与含蓄的思维、意向的与认识的方向、情感的与理性的品质、显在的与潜在的意识、已有的与潜存的智能等众多要素。

智慧能够让人可深刻地理解人、事、物、社会、宇宙、现状、过去、将来，使人拥有思考、分析、探求真理的能力。

智慧教育古已有之，它大体经历了四个阶段，即朴素的智慧教育阶段、智慧教育的挑战阶段、智慧教育的扭转阶段和智慧教育的突破阶段。

智慧教育包括了分析解决复杂问题、审辨问题、创造创新的能力，包括了自我管理、协作探究、判断决策、评价谈判的能力。

智慧教育强调借助智慧手段，包括人工智能技术等，指导教师智慧地教和学生科学地学。

智慧教育的出发点和归宿点是唤醒、发展人类智慧。

智慧教育即启智教育，使人聪明，有见识，有智力；

智慧教育即明慧教育，帮助人们破惑证真，探寻本质深度发展；

智慧教育即启迪智慧，指使人机智、明智、理智、德智。

钱学森提出了"大成智慧学"，认为集大成，得智慧。

靖国平认为智慧教育包括三个既相互区分又彼此联系的方面，即理性（求真求是）智慧的教育、价值（求善求美）智慧的教育和实践（求实求行）智慧的教育；教育的根本旨趣在于促使受教育者全面地占有自己的智慧本质，成长为理性智慧、价值智慧和实践智慧的统一体。

（三）生态智慧教育

进入 21 世纪以来，学校提出了生态智慧教育。

生态智慧，意味着实现从科学向智慧的转换，是在对人类中心主义的批判、质疑和深层追问中而产生的。

生态智慧从整体论立场出发，强调以多元和宽容的态度，欣赏或赞赏世间一切存在物之间的差异性和多样性、丰富性。

把整个宇宙生物圈看成一个相互联系、相互依赖、相互存在、相互作用的生态系统，主张人与植物、动物、自然、地球、宇宙之间的整体统一。

在生态智慧中，没有了等级，没有了中心，没有了分裂，有的只是一个由精神和实体筑成的无缝之网，人和其他生物或自然都是这个浑然一体的生物圈网上或内在关系场中的一个网结。人与其他一切非人类存在物不再是认识和被认识、改造和被改造、征服和被征服的实践关系，而是平等的对话、沟通、交流、审美的共生关系。

从生态学和生态观的视角出发，开启生态智慧教育研究和实践。

生态智慧教育是基于生态学和生态观的智慧教育，是依托物联网、云计算、大数据、泛在网络等信息技术所打造的物联化、智能化、泛在化的教育生态智慧系统。

生态智慧教育实现生态与智慧的深度融合，实现信息技术与教育教学的深度融合，致力于教育环境的生态智慧化、教与学的生态智慧化、教育教学管理的生态智慧化、教育科研的生态智慧化、教育服务的生态智慧化、教育评价的生态智慧化等。

第一篇　生态智慧教育

构建面向未来的生态智慧教育

在教育改革过程中坚持守正出新,面向未来,我们正在探索生态智慧教育,目的是为每个学生的发展提供适合、优质的教育。

一、什么是生态智慧教育

生态,指生物生活的状态,在一定的自然环境下生存和发展状态,与环境相关。生态的教育环境,除了人文环境,还有自然的环境。生态的校园,是绿色、开放、舒适、宜人的,尊重生命和人成长规律的教育。孩子的成长,就像一棵树一样,树上每一片叶子都是不一样的,每个孩子都有自己的基因,也是不一样的,所以我们要尊重生命、学会生存、教育孩子们学会共处。同样,我们要尊重每个孩子的差异。让教育跟孩子们的生活相通,这是我们所理解的生态智慧教育里面的生态。

智慧,从概念上来讲,是一种高级的综合能力,包括了感知、知识、记忆、理解、联想、情感、逻辑、计算、分析、判断、文化、包容、决定等。智慧不同于智力,智慧是智力器官的终极功能,智慧是更为高层次的,带领我们成功的角色。我们要培养学生不仅仅能够解决具体的题目,更希望他们有高层次的判断和决策能力,包括分析问题、解决问题的能力。智慧是基于生理和心理器官的高级创新思维,包括自然与人文感知、记忆、理解、判断、升华等所有能力,这与核心素养教育、学科素养教育相匹配。智慧教育包括了解决复杂问题的能力,面对的世界变化万千,技术日新月异,我们怎么去解决复杂问题?还有审辨问题的能力、创造能力,以及人员管理能力,包括协作能力和情商、学生判断和决策能力、对社会的回馈、谈判能力等。

北京一零一中架构了"4H课程"。第一，头脑（Head），关注学生的思考能力、批判思维、学习能力、分析解决问题的能力。第二，特别关注学生的心灵（Heart）。德智体美劳全面发展，心灵就是他们的德，他们怎么关爱别人，洞察分享，合作包容和对一些冲突的处理。当下的校园里面出现一些学生之间的矛盾，国际上也存在校园欺凌的问题，这些问题都是在成长过程中、同伴之间所发生的冲突，如何处理冲突也是非常重要的能力。第三，双手（Hand），即劳动教育和实践探究。重视他们的劳动能力，特别是重视给予能力。第四，学生要健康（Health），包括他们的身体和他们的健康生活方式。网络开放了，很多孩子的生活方式不太健康，玩游戏、整天拿着手机，要引导他们拥有健康的生活方式，包括做人和生存的能力。我们还要教会学生人文方法，包括问卷调查、数据分析、田野调查，让学生走向生活、走向社会，让他们有社会责任感、家国情怀、国际视野。课程中我们通过各种形式的教育方式，引导学生研读经典，从经典当中汲取能量，坚守中华优秀传统文化的基础上，再放眼世界。除此之外，重视每个学生个性的发展，提供大量丰富的学生社团课程，在这个学校里面，每个学生都能找到自己的兴趣方向，个性的发展都能得到很好的支撑。

生态智慧课堂的学习方式多元。不只是跟随教师学习，每个学生的学习方式都能得到尊重，并且使群智成为共识；我们通过多元化的方式，对学生的成长档案，包括过程性记录，通过信息化手段进行推送；实行积分奖励，鼓励学生的个性特长发展，让学生的成果可视化呈现。我们有相关的学习工具支撑，学习任务是可以设计的，情境也是可以创立的。

在此基础上，学校各学科都建立了学科生态智慧课堂模型。如，数学学科认为数学核心素养的培育需要从"问题与情境""交流与反思""知识与技能""思维与表达"四个维度把握，四个维度相互作用，共同形成相互联系的四个场域，即生活场、思维场、情感场、生命场，生成基于核心素养的数学学科生态智慧课堂模型。

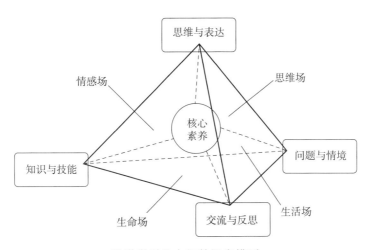

数学学科生态智慧课堂模型

在此基础上，学校开展生态智慧课堂教与学方式的实践探究。在自我教育理念的指导下，实行由教案导学发展为学案导学、问题导学以及自我导学的有针对性的导学模式。

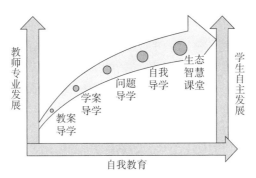

"生态智慧课堂"教与学的方式实践探索

生态智慧教育特别重视目标追求。教育是人生命活动的过程，课堂是适宜生命成长的良心生态系统，让生命得以自由生长与和谐发展。生态智慧课堂的目标是构建生态成长和智慧生成的场域。生态教育应该在生态校园里面，既有参天大树也有盛开的鲜花，还有绿油油的小草。尊重每个生命的成长，尊重每个生命的发展，在这个学校里，每个学生都应该获得成功。

生态智慧教育中我们谈到四个场域。第一个生活场，我们认为学生在活动当中体验，在体验当中得到成长，因为成长永远是自己的事，教师不可能替代学生去成长，我们只能给他们的成长提供一个适合的气候、环境、土壤、阳光以及养分，我们要做的是帮助每个学生得到更好的成长。第二个思维场，课堂有利于学生高智慧的形成与发展。第三个情感场，课堂有利于学生情感世界，自由和谐的氛围当中陶冶和美化。人工智能不可能替代教师的岗位，因为我们的教育过程一定是跟学生之间情感的交流和碰撞。第四个生命场，校园对人的一生来讲非常重要，课堂的缘起和归宿都是生命的健康成长，从这个角度来讲，我们实行的生态智慧教育，是我们基本的目标追求。

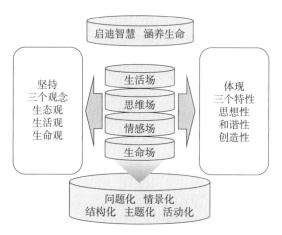

生态智慧教育中的场域模型

二、生态智慧教育的未来探索

北京一零一中以培养"未来卓越的担当人才"为育人目标，坚持"基础宽厚、富于创新、个性健康、全面发展"的育人理念，关注学生的生命、生活、生长，探索"面向未来的生态智慧教育"。

基于此，将北京一零一中打造智能个性化学习平台应用场景，构建智能化学习支持环境，建设应用基于人工智能和大数据技术的个性化学习平台，是我们对未来教育的基本探索。在学校智慧校园理念推进过程中,研究智慧校园、人工智能等各项手段怎么更好地服务于人的发展,因为我们的技术手段根本的目标指向就是人的发展。

在这样一个人工智能环境下的生态智慧教育,抓住课堂主阵地,以信息技术来重新构建教学的六个环节。教育的六个环节是以学生为核心,备课、上课、作业、辅导、评测、反思。人工智能环境下,它应该得到进一步的升华。第一,有在线的预习,跟踪学生的预习情况。第二,课堂的实时反馈,包括课堂提问的实时统计和反馈,掌握每个学生的学习进程。第三,精准的学情分析,通过人工智能环境,让学生掌握知识的情况,精准捕捉学生作业轨迹。第四,在上述条件下就能够进行分层教学,更加个性化。未来的学校,未来的教育应该是更加个性化的教育。第五,精细的成绩分析,对学生学习情况进行精确诊断,包括学生学习效果和教师教学效果的分析评价。现有的评价非常模糊、主观,希望通过人工智能探索一种相对精准的方式。第六,结果的反思,包括评价数据,通过评价数据来进行反思,进行更好的自我反思。

课堂教学实时反馈和评价系统的应用

我们通过这样一个系统能够进一步地推进自我教育,让学习真正成为自己个人的事,让成长真正成为自己的事。我们提出智慧课堂4.0

给教育赋能，4.0应该是五位一体的新的教育理念，新课堂、新课改、新理念、新模式、新评价。构建五位一体基于全场景的教育系统，推进智能化教学，目的就是提高教学质量和教学效率，同时更好地服务于学生的全面发展。

智慧课堂精准构建了师生智能教育学习的终端，课前可以为教师提供智能化备课辅助，这样的备课能够成为我们的群智。不同的教师、不同校区的教师通过在线备课，集中集体智慧，建成体系化资源，实现精准备课。学生拿着笔在纸上写的任何过程，思维的轨迹都可以通过技术手段投影到大屏幕上，可以回过去看学生在解题过程中不同试错的思维轨迹，充分满足师生教育需求。

希望未来北京一零一中智慧校园能够有五种不同的学习模式。第一，未来校园应该是终身学习的地方。学校不再仅仅是学生学的地方，也应该是教师学习的地方，师生同处一个物理空间，相互感染、发现问题、解决问题。在探讨过程中，我们会发现，其实学生的技术运用水平要比教师高，我们的教师应该要快速地去适应未来学校和未来教育的模式。

第二，未来校园应该是混合学习的地方，比如既有标准化的课堂教学又有线上的智能教学以及个性化的辅导。混合式的学习时间可能是无限的，可以发挥线上线下学习的不同优势，将线上线下教学时间进行整合。未来要去打破原有的秧田式的教室和机械的课堂时间。

未来的教育形态应该有三种。一是传统学校教育，提供相对标准化、统一化的教育。二是在线教育。在线教育应该是泛在的，随时随地随处打破年龄、年级、学科界限，能照顾到学生个性化的需求。三是校外教育，校外教育是订单式的私人订制。未来这三个教育应该是并存的。

混合式学习也架构了这样一个模式，学校已经发展变化了，学校不是封闭的校园，教室也是开放的，不仅有传统意义上的教室、实验室、礼堂、报告厅等，还有创客空间、虚拟空间。我们正在构建这样一个学习空间，有智慧学习的空间、智慧教室、虚拟现实教室等。教师本身在这个校园里面也经历学习和成长的过程。我们抓住两个主体，一个是学生，另一个就是教师。教师和学生共同成长。通过混合式学习教学设计，我们创造混合学习空间、教学环境，包括新的教学方法，我们以前谈到过翻转课堂，但这里提到的是半翻转课堂，通过这种混合式的学习，架构新的未来校园。

人体运动科学智能实验室

第三，未来的校园特别要重视体验，尊重学生的生命、生活和生长，"生活即教育"是陶行知先生所倡导的。陶行知是美国教育家杜威的学生，杜威也提出"教育即生活"。未来的生活应该是体验学习的地方，我们越来越尊重学生真实的体验，让我们的学习跟世界进行连接，我们要通过真实的情境来迎接真实的挑战，技术的发展可以使我们能推进跨地域的教育场域。通过信息化手段，通过5G连接中国的校园和外国的校园，让学生之间可以互相交流。

学习不仅仅是注重学习过程当中多次的输入，更要重视其产出。学习者就是我们的学生，他不仅仅是知识的消费者，还是生产者和分享者，但是我们现在更多地认为学生就是知识的消费者，我们没有特别重视或者注意到他本身也是知识的生产者和分享者，我们体验学习的最大挑战就在于怎么去迁移他所学的知识，并在不断的应用当中加深知识的理解，甚至重构知识本身。

第四，未来校园是学会学习的地方。联合国教科文组织提出四个学会，学校应该是一个更会学习的地方，学校应该给学生提供大量课程，让他们学会学习，学会选择，选择自己的兴趣和爱好。中国正在推进的高考改革，提供了更多的选择空间，学生在这里面选择学习方式和习惯，直到最后能够选择自己未来的发展方向。学生需要反思，需要选择，需要规划，这样才能找到更加适合的学习方式，我们要思考，在未来的北京一零一中校园里，怎样让学生成为校园真正意义上的主人，让学习成为每个孩子自己自觉的事情。

第五，未来的学校也是创造和分享的地方。创造和分享，这是学校最容易感受到的重要特性，我们希望不断重视创造力的重要性。世界各国的教育都特别强调对学生批判思维的培养，包括分析问题、解决问题的能力培养，创造力的培养；但是现在回看我们的课堂，创造和分享的时间比较少，我们特别需要改变现状，扭转这个局面。原本只是完成教师交给的任务就可以了，但对于学生来讲，获得的知识通过自己的创造再分享给其他人的时候，感受是不一样的，他需要全程关注，学习能力能够得到不断提高。

在这样的基础上，教师这个职业将充满挑战也充满机遇。未来教师将成为学习数据的洞察者、学生学习的教练、学习共同体的组织者、学习活动的服务官、学习环境的设计师，教师有多少时间创造，学生就有多少创造空间。

时代巨变，危机潜伏，我们要努力构建一个终身学习的学校、混合学习的学校、体验学习的学校、让人学会学习的学校、懂得创造分享的学校。

生态智慧教育与未来学校优质发展

未来教育对学校和校长提出了很多新的要求,给学校教育带来更多挑战,它要求基于学生整个人生的长度衡量学校教育对学生整体生命成长的意义与价值;同时要求学校适时运用新技术,以智慧化的教学手段促进教学质量提升。若以"生态智慧教育"解题,或许能得到理想的答案。"生态"是一种教育理念,它强调尊重生命、尊重个人成长规律、尊重教育规律。"智慧"是一种教育手段,它的核心是人工智能等先进技术的精准支持。"生态"与"智慧"并重,应是未来学校实现优质发展的一条有效路径。

一、直面教育 4.0 时代的挑战,构筑未来学校的理念体系

教育的发展是一个不断迭代的过程,这样的过程可以用"教育 1.0"向"教育 4.0"的进化来比喻。教育 1.0 时代,人类处于"采摘与渔猎文明"时代,教育以发展学习者的生存技能(狩猎、采集、捕鱼、缝制衣物、战斗)为主,主要靠言传身教,采取师带徒的形式。教育 2.0 时代,人类进入"农牧和养殖文明"时代,教育的主要内容是教人"如何做人"和"如何做官",主要方式是面授和自主阅读,这一时期出现了书院。教育 3.0 时代,人类进入"机器工业文明"时代,教育主要教授现代科学知识及发展专业技能,主要方式是面授和阅读活动,在现代意义上的学校里以"秧田式"的模式批量实施。教育 4.0 时代,随着互联网及智能终端设备的迅猛发展,人类跨入"信息智能文明"时代,教育目标从"传递知识"走向"发展心智",教

学方式从"纯线下"转向"线上与线下相结合",学习场所突破空间的限制。从某种意义上说,教育4.0时代的某些方面有些像是向教育1.0时代回归,回归到以人为本、尊重个性、因材施教的教育模式。但它又不是单纯的回归,其核心属性在于教育在人工智能的助力下变得无边界,终身学习成为常态。

教育就是培养面向未来的人才,现在学校里的孩子们到2035年刚好30岁左右,正是社会的中流砥柱。从教育的未来指向看,"十四五"期间我们国家到底需要什么样的人,实现第二个一百年目标需要什么样的人?我们可以肯定地说就是创新人才,是社会主义合格的建设者和可靠的接班人。在此背景下,审视北京一零一中"培养未来卓越担当人才"的育人目标,在"十四五"期间显得恰当合理。我们所说的"卓越",不是指成为"第一",而是每个人都能够实现于他/她而言有意义的激励目标。所以,怎么让这样的目标有意义就是教育要做的工作。

在这样的基本框架之下,未来的教育模式到底应该是怎样的,我们无从知晓。但未来是每个人去创造的,我们每天做的工作正是未来的一部分。未来教育要求学校关注学生的"生命""生活""生长"。因此,我们希望对学生的潜能有一个科学的认知,能够在尊重生命、尊重个人成长规律、尊重教育规律的基础上引导他们找到人生发展的方向。我们的育人模式正逐步从原来的感性走向理性再走向感性与理性同在,从原来的批量生产走向科技支撑下的以人为本。

成长永远是生命个体自己的事,教育只需要给他一个促进生长的平台。因此,我们要以生态理念,构建一个以混合学习、体验学习为主要学习方式,能够让人学会学习并且懂得创造分享的学校,培养面向未来的时代新人。

二、切中未来教育重心:建设以学生为中心的学校支撑体系

未来的教育优化以及未来的学校发展,需要有载体、有手段、有

措施进行有效支撑。没有良好的体系支持以及科学的引导，学生就不能实现最优成长。从这个角度来讲，面向未来的学校首先要进行学校治理体系的的系统建构和学习方式的科学优化。

1. 以学生发展为内核，系统架构学校治理体系

在面向未来发展的过程中，学校的治理体系应该有一个系统的架构。北京一零一中在进行集团化发展后，优化与完善了原有组织架构，建立起扁平化矩阵型的管理模式。集团各校区均设立了学校发展中心、教师发展中心、学生发展中心、课程教学中心、国际教育中心和后勤保障中心，全方位管理学校的各方面事务。这六个中心都是下沉的，完全对标其部门的核心业务。作为学校立德树人的目标群体，学生的发展被学校视为重中之重，学生发展中心下设学生处、特色发展处、团委学生会和生涯指导处，负责学生的生涯规划和健康成长的咨询、服务等工作。

我们需要这样一个平台给予学生平等交流和沟通的机会，特别是对学生的发展规划要能够尽量做到规范。为了给学生发展提供更加科学的指导，学校建立和完善了心理和认知方面的支撑体系。学生是需要引导的，有时学生自身也不能对自己的未来发展路径有一个很清晰的预设，这时候就需要学校给出有效的指导，这也是学校设置学生发展中心的意义。同时我们还完善和丰富了学生成长发展的环境，学生发展中心设立的翔宇学院是落实素质教育的载体，负责指导学生个人发展。此外，为了有效提升学生的家国情怀和使命感，我们开展了与四川省凉山州部分学校对接的互动帮扶工作，一方面进行教育扶贫，另一方面以四川省凉山州作为学生的社会实践基地，拓宽与丰富城市学生的视野和经历。

2. 以学习科学研究为抓手，逐步推动学习方式变革

未来学校更加关注学生学习力的培养，不仅要培养学生获取知识的能力，而且要指导学生在面临新任务、新挑战时，如何自主学习相关知识去解决问题，这是创新人才的核心能力。因此，从现在到未来的一段时间里，学校要重视学习科学的研究和应用。我们要摆脱过去经验式的教学，在学习科学和脑科学的基础上开展学生学习研究，使教研和学研相结合，构成完整的教育活动研究。借助脑科学和认知心理学的研究成果，学校可利用人工智能和大数据对学生的学习行为、学习心理进行科学分析，对学生的学习过程和学习特征进行数字画像，在相应环节对学生进行必要有效的指导、反馈、引导、训练、评价等一系列教学干预，最终引导学生实现有效的自主学习。

北京一零一中已经成立了学习科学研究所，和北京大学心理与认知科学学院开展深度合作，同时和多个国内顶尖技术企业展开应用研究，在智慧课堂的应用中已初见成效。如在物理的智慧课堂中，数字平台使学生的学习过程及结果可视化，教师随时都能了解学生的学情并及时调整教学策略，"教—学—评一体化"的精准教学成为可能。在英语听说的智慧课堂中，语音识别技术对每一个学生的口语表达水平进行精准评价并给出改进建议，使教师得以更及时有效地掌握教学进度，给予学生更有针对性的指导。信息技术的应用将学生的学习过程"外化"，教师和学生真正看到了课堂中"学习发生的过程"，并可以通过有效调整教学行为达成预期的学习目标。

学习科学的研究是实现减负增效的根本之法。这样的研究可以优化课堂教学行为，提高学生的学习效率，改善学生的学习体验，扩展学生的成长空间。基于学习科学研究的作业，将会成为助力学生减负的教育公共产品，不再是沉重的额外负担，而是更加科学高效的学习助手。

三、以整体思维系统规划，探索未来学校的高品质发展之路

在科技的助力下，未来教育将被赋予更多内涵，在课堂学习之外根据自己所需进行线上线下的个性化学习，甚至在其他社会机构中实现终身学习都变得可能。未来学校教育的提质增效可从激活校内外资源、完善人才培养机制以及全面推进五育并举等方面系统推进。

（一）激活用好校内外资源

未来学校要实现优质发展，应重视资源平台的打造与完善，要优化对外关系，"开门办教育"。未来学校不仅是基于现场社交场景的群体学习场所，也是一个资源集成和配置平台。学校平台将集成学校内部的资源、其他学校的资源、社会的资源，以及国内外的各种课程、项目甚至学伴资源。学校管理者要彻底摒弃"等靠要"的思想，积极主动地争取校外一切有利于学生发展的条件，尽最大努力盘活社会资源为我所用。如北京一零一中通过与清华大学、同济大学、北京理工大学、中国科技大学等高校的合作，以及与科大讯飞、字节跳动等企业的合作，解决了学校高端实验室、高端创新课程、先进师资等资源的需求。在资源配置上，未来学校匹配教育资源的方式应不再是学校视角的统一分配，而是学生视角的按需选择。

在用好校外资源的基础上，未来学校的建设还离不开校内资源"人"的全面支持，因此学校管理者要努力建设积极向上、引导创新的学校文化，让全体教师形成统一的思维和行为模式；要树立每个人都是管理者的意识，淡化职位意识，强化岗位意识，以个人的成长推动学校的整体发展。

（二）加强创新人才培养的体制机制建设

教育是面向未来的事业，培养的是建设未来的人，需要有系统的规划和超前的发展意识。"十三五"期间各中小学校在推进教育均衡方面做了大量工作，未来要在均衡的基础上更加突出优质发展。"十四五"期间，高中要以多样化特色优质发展为目标。北京一零一中的发展定位是秉持家国情怀，拓宽国际视野，坚持绿色发展，而绿色发展既意味着生态智慧教育，也意味着高品质的学校教育生活。

教育改革进入教育4.0时代以后，更需要以学生为中心，全力支持学生的个性化发展，要让优秀学生出得来、发展好。为此，北京一零一中建立了英才学院，尝试混龄、跨学科的培养模式。英才学院和

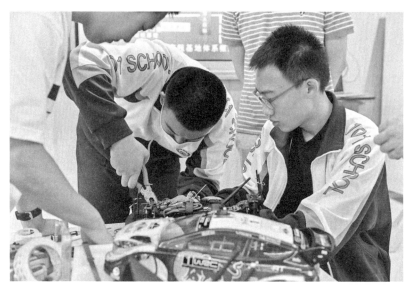

英才学院自动驾驶汽车实验室

国内高校科研院所合作，对标国家重大需求，实现大中小学联合育人。英才学院由四个群体组成：一是混龄的中小学生，二是跨学科的教师团队，三是支持学习的大学生团队，四是专业引领的科学家团队。所有人聚合在实验室这个平台之上，学生可以根据自己的兴趣和能力选择相应的课程进行学习。这种选择不受班级、年级、校区限制，甚至不受时间和空间限制，学校则通过线上线下混合学习模式对这种无边界学习方式进行全方位支持。

（三）全面推进五育并举

未来学校还应加强德智体美劳五育并举的系统推进，并最终呈现五育并举到五育相融再到五育互育的实践探索。站在全面育人的高度上看待"体美劳"，就是要"面向全体、全面落实"。过去有些学校靠一些特色社团给学校"争光"，以此证明学校"全面发展"的做法必须彻底摒弃。因为要做到"面向全体、全面落实"，体育、美育以及劳动教育必须融入整个课程当中，融入学校生活当中。此外，我们还必须警惕"一进课程就是考试导向"的惯性思维。体育对于品格的锤炼，美育对于审美品位的提升以及劳动教育对于积极人格的引导，都是在深刻持久的体验中获得的，不是考试能够简单衡量的。因此，我们应当积极探索新时代体育、美育、劳动教育的新内容和新形式，也要积极探索体育、美育、劳动教育的有效评价办法。这是摆在全体教育人面前的一道创新题，等待大家共同破解。

学校非洲舞社团

生态智慧教育与创新人才培养

创新人才培养，关乎国家未来发展与核心竞争力，是国家科技创新的源泉。2020年9月，习近平总书记在科学家座谈会上指出，加强创新人才教育培养，注重培养学生创新意识和创新能力。创新人才成长的黄金期是青少年时期，正好是在学校接受基础教育的重要阶段。"国势之强由于人，人材之成出于学"，国家未来发展对创新人才的需求，指明了学校育人方式改革的方向与目标。

育人方式改革需要紧扣创新的时代脉搏，关注当下、放眼未来。随着后疫情时代、人工智能、5G等新技术的到来，人们进入了一个具有易变性（Volatility）、不确定性（Uncertainty）、复杂性（Complexity）和模糊性（Ambiguity）的"乌卡时代"（VUCA）。教育并非真空地带，和社会、经济、政治一样，面临着科技、国际社会动荡、社会根本性变化等三大挑战。止步不前的固化思维，无法教育出拥有应对不确定未来"问题解决能力"的学生。在学校育人方式改革上，北京一零一中从"生态"和"智慧"两大关键词破题，基于整个人生长度和整体生命宽度的学校教育，着眼新技术运用与智慧化教学手段的教学质量提升，探索"生态智慧教育"带来创新人才培养的多样未来与无限可能。

一、"生态智慧"理念引领：打造适宜生命成长的校园

"生态"是一种教育理念，强调尊重生命、尊重个人成长规律、尊重教育规律。"智慧"是一种教育手段，其核心是人工智能等先进技术的精准支持。"生态"与"智慧"并重，应是未来学校实现优质发展

的一条有效路径。

生态智慧教育是绿色、开放、舒适、宜人的,尊重生命和人成长规律的教育。学生的成长就像枝繁叶茂的大树,片片不同、自带特点,应尊重每个学生的差异性与独特性。同时,教会学生尊重生命、学会生存、学会共处,让教育与生活相通。智慧不同于智力,是一种高级的综合能力,包括感知、知识、记忆、分析、包容、决定等。培养学生不仅具有解答具体题目的能力,还有更高层次的分析问题、审辨问题、解决问题的能力,以及创造能力、协作能力、谈判能力、领导力和决策能力等。

在生态智慧理念下,北京一零一中架构了"4H课程":头脑(Head),关注学生的思考能力、批判思维、学习能力、分析解决问题的能力;心灵(Heart),德智体美劳全面发展,心灵就是学生的品德,培养学生关爱他人、洞察分享、合作包容和处理冲突的能力;双手(Hand),即劳动教育和实践探究,重视学生的劳动能力,特别是重视给予能力;健康(Health),包括身体的健康和生活方式的健康。

在生态智慧教育中,学校和课堂可以成为四个场域:生活场,学生在活动中体验,在体验中得到成长,成长永远是自己的事,教师无法替代,教师需要做的是给学生的成长提供适合的气候、环境、土壤、阳光以及养分,帮助每个学生获得更好的成长。思维场,课堂有利于学生高智慧的形成与发展。情感场,课堂有利于学生情感世界,在自由和谐的氛围当中陶冶和美化。这也是人工智能为什么无法替代教师,因为教育的过程一定是教师跟学生之间的情感交流与碰撞。生命场,校园对人的一生都非常重要,课堂的缘起和归宿都是生命的健康成长。

生态智慧教育重视目标追求。教育是人生命活动的过程,课堂是适宜生命成长的良性生态系统,让生命得以自由生长与和谐发展。生态智慧课堂的目标是构建生态成长和智慧生成的场域。尊重每个生命的成长和发展,让每个学生都能获得成功。

二、"三层八域"课程结构：以学习为中心的课程引领

2020年1月，教育部推出"强基计划"，选拔培养服务于国家重大战略需求，并综合素质优秀，或者基础学科拔尖的学生，以解决国家未来发展中将面临的"卡脖子"等技术难题。而"强基计划"又特别强调了数学、物理、化学、生物等基础学科优秀人才的培养，撬动了高质量教育教学的改革。

在"强基计划"背景下，需要建立中学创新人才培养机制和平台。2020年，北京一零一中有幸成为普通高中新课程、新教材实施的国家示范校，更应担当起拔尖创新人才培养的奠基工作。

北京一零一中的培养目标是培养未来卓越的担当人才，坚持"基础宽厚、勇于创新、个性健康、全面发展"的育人理念，关注学生的生命、生活、生长，让教育回归生命，让学习自然发生；让教育更有情怀，学生拥有自己的小追求，懂有品位的生活；构建良好的生态，让学生健康快乐地生长。

基于这样的理念，北京一零一中以学习为中心，构建"三层八域"的课程结构。其中，"三层"指的是基础能力、拓展融通、实践创新；"八域"则是根据国家新课程改革中的要求进行了八个领域的整合。"三层八域"的课程结构初步建设形成三层金字塔型，是一种有利于学生创新精神与实践能力培养的开放性科学课程体系。依托于对学生的充分了解和研究，北京一零一中在八大领域中，构建了32个不同的系列，将国家课程、地方课程和学校课程进行整合。

生态智慧学校还应加强德智体美劳五育并举的系统推进，最终呈现五育并举到五育相融再到五育互育的实践探索。站在全面育人的高度上看待"体美劳"，就是要"面向全体、全面落实"。以前有些学校会通过特色社团来"争光"，以此证明学校"全面发展"的做法应该摒弃。因为要做到"面向全体、全面落实"，体育、美育以及劳动教育必须融入整个课程当中，融入学校生活当中。

还要打破"一进课程就是考试导向"的惯性思维,体育对于品格的锤炼,美育对于审美品位的提升,以及劳动教育对于积极人格的引导,这些都是在深刻持久的体验中获得的,而不是考试能够简单衡量的。

加强五育并举,积极探索新时代体育、美育、劳动教育的新内容和新形式,探索体育、美育、劳动教育的有效评价办法。将学生从相对单一的学科学习引导向更广博的知识拓展与能力锻造,助力学生身心健康和全面成长,才能实现教育理念的提升。

三、三大学院:创新人才的培养基地

在"强基计划"背景下,要建立中学创新人才培养机制和平台,仅有理念或只谈具体做法,是远远不够的。教育过程所有的"优化",基于课程。但光有课程,没有实施主体是不行的。我们需要设立机制、搭建平台,让学校成为一个百花齐放的校园、一个开放的实验室,既关注全体学生科学人文素养的提升,也关注拔尖创新人才的需求,让每个学生的学习需求能够得到个性化的满足、多元化的成长。北京一零一中通过建立三大学院、九大书院,搭建完善的课程体系和各具特色的培养平台。学生发展中心的翔宇学院,下设四宜书院、浩然书院;国际教育中心的 GITD 学院(Global Innovation and Talent Development),下设云翥书院、C—IP 书院(China—International Program)、C—CAS 书院(China—Creativity/Action/Service);课程教学中心的英才学院,下设一知书院、学森书院、六韬书院、圆明书院。

以"立德树人,责任担当"为目标的翔宇学院,主要负责学生的生涯课程设计和实施,建立社会实践基地,协调组织家长导师和学长团,以满足学生学业规划、职业规划上的需求,为学生提供发展的持续动力,培养学生应对未来变化的能力。

"在地化教育"是翔宇学院的主要育人模式。翔宇学院以当地社区和环境为基础,为学生提供一种个性化的学习体验,创造一种熟悉并吸引人的学习环境，让学生得以通过生态、政治、经济和社会发展等不同视角认识世界，拥有独立思考的能力。同时，通过开展基于探究性学习、跨学科学习、深度学习，发展学生的设计思维，帮助他们更好地欣赏和理解周围的世界。

翔宇学院"桃树种植与护理"课程

不同于以德育教育为核心的翔宇学院，国际教育中心的GITD学院重在培养学生的家国情怀和国际视野。GITD学院在引进与比照主流国际课程基础上，推动中国基础教育与国际接轨，借人之长，补己之短，开发与形成融合中外教育精髓的、富有中国特色的课程体系，使其融入中国文化、中国元素与中国价值观。

其中，云翥书院旨在增强学生民族文化自信，弘扬中国传统文化，帮助学生增强国际理解力。C—CAS书院着重研发和实施富有中国特色的全球创新人才培养项目、课程与活动。C—IP书院引进国际学术课程，实现与本土化课程的融合。三大书院共同打造了GITD学院博采众长、横贯中西、兼具民族特色的风格，不仅让国际课程更加适合中国学生，同时也让中国基础教育经验成为可供世界学习的范本。

"均衡优质、培养卓越"是学校课程教学中心关注的重心，也是创新人才培养的必由之路。以学生为中心，全力支持学生的个性化发展，要让优秀学生出得来、发展好。为此，2019年，北京一零一中建立了英才学院。

英才学院下设四个书院：一知书院，主要对接五大联赛；学森书院，主要进行科学探究；圆明书院，关注人文艺术；六韬书院，关注领军人才。在英才学院里，更重要的是构建特色课程。比如，大师引领课程、科学实践课程、航天特色课程等，为学生提供与科学大师面对面学习交流的机会，学校也由此成立了很多社团。

英才学院"汽车机械与自动驾驶"课程

创新人才的培养还应有系统的顶层设计，形成培养的链条，打通基础教育与高等教育的培养壁垒，形成真正的合力。这不仅要在高校招生上做好对接，更要架构与高校衔接的课程、教学、评价标准等，开发对标大学科研院所的高端课程，为创新人才培养提供更好的成长通道。

近年来，北京一零一中与国内外顶尖高校对接，先"强基计划"一步将基础学科在中学阶段夯实。英才学院与北京大学、中国科学院大学、同济大学、哈尔滨工业大学、北京理工大学、北京科技大学、中国人民解放军军事科学院创新学院以及中国人工智能学会等10多所高校和科研机构联手，致力培养响应国家重大需求的创新人才，由国内最高水平的专家和院士领衔，在英才学院创建实验室，并亲自担纲指导。

在教育集团内部，英才学院采用项目式培养的新模式，尝试混龄、跨学科的培养，打通小学、初中、高中学段的拔尖人才的选拔和培养过程中学段的界限，突破年龄、年级、校区的限制，为学生的主动学习、深度学习、无边界学习提供支持和服务。学院由四个群体组成：一是混龄的中小学生，二是跨学科的教师团队，三是支持学习的大学生团队，四是专业引领的科学家团队。所有人聚合在实验室这个平台之，学生可以根据自己的兴趣和能力选择相应的课程进行学习。

英才学院还制定了一套"五个一"标准，即一个平台、一套课程、一本教材、一个团队、一批成果。"一个平台"，是指建设高端实验室；"一套课程"，是打造基于实验室平台和基础教育相衔接的"STEAM"课程；"一本教材"，编制适合PBL学习方式的教材；"一个团队"，培养一个学生混龄团队和跨学科教师队伍；"一批成果"，不断推动学生各项竞赛获奖、创造发明、教师科研成果等。

目前，在英才学院，生命科学实验室、智能无人系统实验室、同济实验班、未来影像工作坊……基础学科与科学前沿的无缝衔接，尊重规律、形成良好生态的创新人才培养，都在这里得到了完美的诠释。

四、教育4.0时代：让学习更"智能"

教育是一个不断迭代发展的过程，是"教育1.0"向"教育4.0"的跨越升级。教育1.0时代，人类处于"采摘与渔猎文明"时代，教育以发展学习者的生存技能（狩猎、采集、捕鱼、缝制衣物、战斗）为主，主要靠言传身教，采取师带徒的形式。教育2.0时代，人类进入"农牧和养殖文明"时代，教育的主要内容是教人"如何做人"和"如何做官"，主要方式是面授和自主阅读。这一时期就出现了书院。教育3.0时代，人类进入"机器工业文明"时代，教育主要教授现代科学知识及发展专业技能，主要方式是面授和阅读活动，在现代意上的学校里以"秧田式"的模式批量实施。教育 4.0 时代,随着互联网及智能终端设备的迅猛发展,人类跨入"信息智能文明"时代,教育目标从"传递知识"走向"发展心智",教学方式从"纯线下"转向"线上与线下相结合",学习场所突破空间的限制。

从某种意义上说,教育 4.0 时代在某些方面是向教育 1.0 时代回归,回归到以人为本、尊重个性、因材施教的教育模式。但它又不是单纯的回归,其核心属性在于教育在人工智能的助力下变得无边界,终身学习成为常态。

在教育 4.0 时代,为了应对人工智能、大数据、工业 4.0 等对教育提出的挑战,北京一零一中开始探索人工智能环境下的生态智慧教育,搭建教育资源平台、个性化学习平台,实现线上线下课程随时切换,让教学方式从"教为中心"转向"学为中心"。2019 年,北京一零一中作为海淀区首批 17 个重点典型科技应用场景,打造智能个性化学习平台应用场景,是教育智慧场景唯一的一所学校,将推动人工智能在中小学校管理和教学中的全流程应用。同时,学校推出"智慧课堂 4.0"绿色智能教学系统,融合"新课堂、新课改、新理念、新模式、新评价"五位一体的理念,精准构建了师生智能教与学终端。该系统课前可为教师提供智能备课辅助,贴合新课改,为教师建设了体系化课程资源,实现高效精准备课;课中可实施纸笔互动反馈,充分满足师生教学需求;课后可提供同步作业、移动学习、智能测评等模式,满足不同教学场景需求。

2020 年新冠肺炎疫情期间,学校提前运行了"OMO(Online Merge Offline,线上—移动—线下)一体化学习平台"。所谓"OMO"就是线上和线下深度融合,通过线上线下融通的学习场景、灵活多元的学习方式和富有弹性的学校组织,形成个性化的学习支持体系,为学生提供私人定制化的教育。

在大数据、人工智能等为核心的智慧教育技术强力支撑下,学生的学习过程得以"外化",课堂中能真正呈现"学习发生的过程",教师更及时有效地掌握教学任务的适切性,更有针对性地给予学生反馈指导；教师评价、生生互评、自我评价贯穿始终，让"教—学—评一体化"的精准化教学成为可能；让学生完全浸润在信息技术营造的学习环境中，多元化、数据化的课堂让学生成为课堂的主体，也让学习变得更"智能"。

面向未来的教育新模式，一定是智慧与人文并举。在科技赋能教育的同时，需要我们积极地将科技成果为我所用，助推教学，将智能与人文关怀、精神引领相结合，才能让学校教育跟上时代发展步伐，为学生未来发展提供更好的助力。

生态智慧教育促进教育教学提质增效

近年来，国家对作业设计质量、不同年级不同学科作业数量和作业时间、作业育人功能、作业类型方式、作业完成指导、作业管理机制等进行了全方位的顶层设计和政策指导。

2021年7月，中共中央办公厅、国务院办公厅印发了《关于进一步减轻义务教育学生作业负担和校外培训负担的意见》，即"双减"政策，"双减"政策第二章内容为"全面压减作业总量和时长，减轻学生过重作业负担"。在校内方面，要求学校完善作业管理办法，加强学科组、年级组作业统筹，合理调控作业结构，确保难度不超国家课标；要求建立作业校内公示制度，加强质量监督；要求严禁给家长布置或变相布置作业，严禁要求家长检查、批改作业；要求分类明确作业总量，针对中小学生的作业平均完成时间有了具体的时长限制；要求提高作业设计质量，发挥作业诊断、巩固、学情分析等功能，将作业设计纳入教研体系，系统设计符合年龄特点和学习规律、体现素质教育导向的基础性作业；要求鼓励布置分层、弹性和个性化作业，坚决克服机械、无效作业，杜绝重复性、惩罚性作业；要求加强作业完成指导，要求教师认真批改作业，及时做好反馈，加强面批讲解，认真分析学情，做好答疑辅导。

在教育环境与形式巨变的当下，于变局中如何开新局是每位教育工作者面临的挑战。党中央、国务院高度重视信息化工作，习近平总书记强调，没有信息化就没有现代化。《国家中长期教育改革和发展规划纲要（2010—2020年）》中指出："信息技术对教育发展具有革命性影响，必须予以高度重视。"2021年12月，中央印发的《"十四五"国家信息化规划》（以下简称《规划》）中明确提出，要"推进信息技术、智能技术与教育教学融合的教育教学变革",这势必需要利用技术赋能,全面推进教学模式创新和评价方式改革。"利用现代化技术,让教育更智慧,成为学校办好教育的选择之一。"

面对"双减"政策新要求和信息化大趋势,北京一零一中教育集团与海淀教科院发挥各自优势,组建研究团队攻坚克难,联手开展"'双减'政策背景下高质量作业的设计与实施"课题研究。一方面以课题方式,创新作业多种形式和内容,从理论和设计层面探索线上线下作业新模式的实现方法与流程规划;另一方面基于理论研究的成果,结合新技术,进行101智慧作业平台的功能研发。课题组制定了边研究边设计边研发边应用边优化的闭环路径,课题组成员既是用户也是设计者,将101智慧作业平台打造成科研引领下的智能技术与教育教学融合创新成果。落实国家"教育信息化带动教育现代化"的战略;贯彻"双减"政策,减轻师生作业负担、提高作业效率,让"智慧作业"真正为教育教学服务,提高教育教学质量;探索以过程评价为中心深化教育评价改革,创新教学评一体化的新模式。

学生利用智慧作业平台做作业

一、分析问题破解难点痛点

课题组对作业存在的问题进行调查分析,力求借助技术手段切实解决现实存在的问题,即日常作业在学校教学中,存在发生频次高、师生间交互黏度大且信息化不高的特点。

（一）传统作业模式形式单一、反馈滞后，亟待重构

长期以来，绝大多数教师一直采用传统的作业模式，即从作业的设计到布置，学生的完成到提交，最后进行批改和反馈。

作业设计 → 布置作业 → 完成作业 → 批改作业 → 发放作业 → 作业反馈

这种循环方式下，作业的管理和效果容易出现以下问题：

其一，作业形式较单一，主要根据课时进度和当天的教学内容确定作业内容，无法有效进行多样化和长时效的作业布置。

其二，作业设计无法分层和实现个性化。教师布置的作业一般面向全体、指向教材，不能满足不同层次学生的需要，这就使创新的分层作业和个性化作业流于形式。

其三，作业批改任务重、压力大。教师全手动主观批改作业，并需要记录和整理学生的错题问题，往往有心无力，学生独特的解题方法常常会被忽略，而学生遇到的个性化问题也可能无暇顾及。

其四，作业讲评缺乏针对性。基于作业批改的任务重压力大，教师的作业讲解更多从自身经验出发，指向知识本身，无法具体到此次作业的班级学生的具体情况或者其能力素养问题，往往容易出现耗时低效的情况。

其五，作业反馈时效长，容易滞后。传统作业模式，从作业设计到作业反馈，教师可能无法做到及时高效，而作业反馈滞后，既影响了学生对已学知识的纠错正误和反思，也不利于学生对新学知识的接收吸纳和掌握。

以上，传统作业模式不能完全发挥作业作为学习过程诊断性评价的功用，因此，亟待改善和重构。

基于此，智慧作业平台在设计和研发时，对传统作业模式进行重构和优化，保证循环链条的快速及时，并提供精准的数据反馈，借助信息手段智能分析学生学情情况，辅助教师进行后续的教学与教研。这也正响应了"双减"政策中，要求发挥作业诊断、巩固、学情分析

等功能，将作业设计纳入教研体系，系统设计符合年龄特点和学习规律、体现素质教育导向的基础性作业这一内容。

（二）线上教学期间，作业反馈高效性待提升

新冠疫情常态化防控阶段，传统的线下教学模式转变为线上线下融合的教学模式，大量的网课根据实际需要广泛融入学校的教学活动当中，而在线上教学期间，师生在缺少面对面互动的情况下，如何完成作业链条的闭环设计与应用，也是课题研究的一个重要方面。作业一方面是教师了解学生学习状态的重要窗口，另一方面也是学生理解学习内容的重要途径。但疫情影响下线上作业的实际情况是，学生作业提交途径杂乱，作业提交及时性难以有效管理；教师批改作业多、不系统、碎片化等导致批改作业用时长、负担重。作业反馈信息不畅通，导致学生难以快速高效地完成作业，更谈不上实现个性化学习。为保证线上教学期间，充分发挥作业的学情诊断功能，提高学生的学习效率和老师的教学成绩，智慧作业平台，应设计一套稳定高效顺畅互动的系统，其一系列功能项，要保证作业反馈的及时高效，而这也正是"双减"政策中关于作业有关具体功能实现所阐述的内容。

（三）作业数据缺失，无法精准了解学情，亟待完善

课题组在调查中还发现了一些其他迫切需要优化和改革的点。

一是作业难度、数量和完成度等数据缺失，导致作业布置习惯于重数量、轻质量。这个问题是多年来逐步形成的。学生做作业是提高学习成绩、完成教学任务的重要环节，但作业布置只关注数量，质量却远远没有引起重视。

二是作业共性化和个性化数据缺失，导致作业内容和形式机械重复，学生的负担沉重，作业的探究水平偏低，作业形式不够丰富多样。只要讲到作业，就是课后，就是用于练习、巩固，把作业的功能仅定位在课堂教学完成以后的补充，而这种巩固练习又通常与应试联系起来，导致怎么考，就怎么留作业。

缺乏数据统计和分析的作业布置、批改和讲评，不但增加了教师的工作量，更重要的是无法实现精准分析学情，教学就缺乏针对性，由此导致作业要求层次性和个性化不够，不能兼顾不同层次学生的个体差异，容易造成有的学生"吃不饱"，有的学生"消化不了"的尴尬局面；即使存在一定的分层作业，由于缺乏对学生作业数据的有效分析，分层作业仍然带有一定的主观性，分层手段也略显粗糙。

（四）作业作为诊断性资源，共建共享机制缺失，亟待改进

一些教师多年形成购买练习册的习惯，学校特色的校本作业设计和管理意识不强。学校特色的作业成果分散在教师手中，作业内容及学情数据作为诊断性资源的价值重视度不够，教师之间在作业内容、作业数据、作业反馈、学情等方面的共享度不高，学校难以跨校跨学年沉淀和持续打磨优化作业内容。

"生态智慧理念下高质量作业的设计与实施"课题研究，以问题为导向，进行作业领域的研究与探索，进而推动教育数字化变革和创新。"工欲善其事，必先利其器"，破解传统作业存在的现实问题，需要从生态智慧作业的流程重构、功能设计、研发实施、实践验证等方面进行全方位的创新。综上所述，整个项目需要搭建一个适配性强，好用易用的智慧作业平台，平台一方面要基于大数据、人工智能技术、校本作业资源，另一方面要深入分析当前作业模式，挖掘潜在的师生作业需求，梳理出智慧作业平台建设需解决的作业痛点和难点，深度融合到多类教育场景。

二、聚焦需求融合研发

这些年来，教育信息化产品应用到各类教育场景中，但大多数教育信息化产品，一定程度上存在信息技术与教育复杂需求不相匹配，导致与实际需求适配度不高的问题。课题组本着是用户也是设计者的工作理念，把智慧作业平台能用、易用、好用放在第一位，引导懂教育、懂技术的人才共同打通教育与技术之间的壁垒，将教育设计与技术设计融合灌注于平台之中，使智慧作业平台真正能为师生所用，真正能对教育有用。

智慧作业平台建设的具体模式是聚焦实际需求，以学校教学力量即一线教师、管理人员为主导者，邀请有实力的大数据企业作为技术支持力量参与调研、设计、开发。共同探索生态智慧理念下高质量作业的设计与实施，完善学校作业管理机制，提高作业设计质量，用现代化技术实现"减负、提质、增效"，深入展开新型作业模式的研究，并进一步应用智能技术促进教学模式创新。

在具体的实践过程中，在校内广泛邀请一线教师深入参与课题，在校外与企业技术力量多轮洽谈，最终将校内与校外两股力量融合到一起，成立了"生态智慧作业项目创新组"，针对"生态智慧理念下高质量作业的设计与实施"，进行理念研究与系统平台搭建。经过反复的研究与讨论，确定了北京一零一中教育集团智慧作业创新项目的核心思想，即旨在探索和实践教与学的新模式，依托人工智能算法模型、大数据、图像识别等技术，以作业场景为切入点，减轻师生作业负担，提升作业质量，助力精准教学和个性学习，切实实现减负提质增效。此项目开发的两大重点：一是将大数据、互联网和人工智能等信息技术应用于作业设计与管理，克服机械、无效作业，实现分层、弹性和个性化作业，支持校本特色作业创新；二是实现智能批改，建立学情数据模型，发挥过程数据价值，促进学生个性化发展，提高精准教学质量。此核心思想作为课题组所有成员的工作初心，是项目工作具体开展和落实的出发点及依据，是本课题研究和实施的指南针。

三、整体设计分步实施

生态智慧作业项目中，智慧作业平台的设计和研发过程是一个复杂且逐步完善的过程。平台建设本着发展的眼光，遵循全局规划、整体设计、相互协调、分步实施的原则，要放在一个教育集团、一个区域，甚至更大范围内进行战略思考。

从长远看，智慧作业平台全面助力学校教育数字转型，实现学校多场景下的数字化、智能化、信息化。应以人为本，立德树人，帮助学校构建数字化、科学化、个性化教育体系；应注重应用为王，构建学校教育新生态，服务差异化教学、个性化学习和精细化管理；应凸显技术赋能，促进新兴技术与教育深度融合，助力创设"人人皆学、处处能学、时时可学"的智慧学习环境。

初期阶段，智慧作业平台以对传统作业流程和模式再造，提高作业的效率和效果，实现减负提质增效为目标。课题组经过反复论证，确定平台初期重点建设智慧作业系统、智能识别与数据分析系统、数据支持服务三大模块。

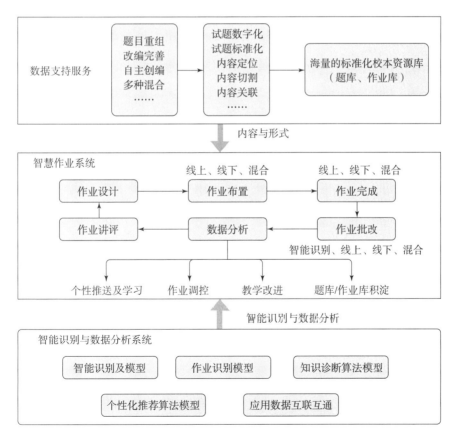

生态智慧作业业务逻辑图

智慧作业系统在其中处于核心地位，作为教师和学生智慧应用的核心平台，是教育教学和数字技术深入融合的一次重大创新。它以人工智能、大数据技术、数据画像、海量数字化资源为载体，通过分层次、个性化的作业为学生提供个性化的学习，为师生减负，为教学提质，符合"双减"精神。学生能实现及时接收作业反馈，通过"作业报告""数据画像""学生画像"等进行个性化推送学习。教师利用智慧作业系统，能合理统筹班级各科作业时间和内容，能布置统一/分层/个性化作业。作业智能识别和批改能减轻教师批改作业的负担，教师能够根据学生共性或个性学情数据，进行精准教学。

数据支持服务为智慧作业系统提供学校定制化的资源或诊断数据内容和形式支持服务，分学科分年级分学期进行深度服务，建立校本诊断性资源库和作业库。如将学校和教师自编自采自考自创的作业元素、考试元素、资源内容，按照多维度标签进行标准化、数字化、数据化、规范性管理，为教师布置作业和学生个性学习提供内容和数据支持服务。

智能识别与数据分析系统为智慧作业系统及各客户端提供智能识别、数据逻辑算法模型、数据分析与诊断等技术支持，具体包括智能识别、智能识别模型、知识诊断算法模型、作业识别模型等模块，应用数据互联互通等技术支撑。提供不同维度和范围的知识画像、学生画像、班级/年级错题库画像等，按不同的数据维度直观展示给学校、教师、学生、家长。真正发挥技术赋能，帮学校形成数字化教育"慧眼"，让作业阶段的数据成果反哺教与学，为教学提质增效。

四、创新设计突出亮点

教无定法、学无定式。为提高智慧作业平台的适配性，避免平台成为对象化、流程化、数据化的纯粹工具，避免限制师生的发展思维，课题组在创新设计阶段提出平台的三大追求：

一是追求"小而精"。降低技术门槛，形成主题明确、功能简捷、便于应用的平台。

二是追求"好又多"。在"小而精"的基础上，快速丰富完善、发展迭代。满足多样化、个性化的教学需求，不断完善智慧作业生态体系。

三是追求"真实用"。与真实教育场景融合，真正让师生黏性应用，真正能对教育有用。

由此，智慧作业平台需要突出的亮点如下：

（一）对硬件和网络的依赖性要低，真正做到不改变学生日常作业书写习惯

课题组发现市场上常见的作业系统中，对硬件和网络依赖程度较高。智能设备多采用点阵笔＋蓝牙无线环境，或点阵笔＋扫描仪/采智机的模式。书面的纸质作业需要点阵技术处理，学生用点阵笔书写作业，用扫描仪/采智机采集作业结果和数据，操作较烦琐。而课题组要建设的生态智慧作业方案中，坚持学生的作业仍然以纸质书写为主，采集作业结果和数据只需要学生利用手机拍照上传。借助智能展屏技术等功能，一份作业拍照加上传的整个过程控制在 1 分钟内，数据采集和批改则通过智能 AI 技术实现秒级批改。让学生继续使用普通纸笔写作业，能够不间断地锻炼、规范学生的书写答题能力，真正地不改变日常书写作业习惯。学生端不需要再另行购买硬件，减轻了学校、家长投入的经济负担，真正贯彻落实了国家"双减"政策，且整个模式落地简单易行，减轻了技术对学生的干扰，保护了学生的视力。

（二）作业设计支持多样化、个性化

课题组全面细致挖掘教师和学生在作业设计、收发、指导、评价和反馈过程的使用需求，使平台实现了支持个性化、多样化的高质量作业，作业布置灵活好用。智慧作业平台支持的作业类型要多样化，包括统一作业、分组作业、分层作业、个性作业、自主作业、探究作

业、创新作业等。教师设计作业时，能跨书、跨页、跨卷、跨节点、跨形式、跨学生等多种选择内容和对象，大大提升了教师作业设计的自由度。作业布置对接的诊断性资源，需要完全匹配学校校本资源和教师个性资源，教师只需"选择作业＋选择学生＋布置"简单三步，就能完成高质量作业的设计和布置。

（三）AI智能批改作业，减轻教师80％的重复性工作

在"双减"工作的平稳推进与落实过程中，教学效率的提升是保障教师在工作总量增加的同时，还能提升教育教学质量的关键。智慧作业平台需要采用日益成熟的人工智能技术，实现对学生作业的客观题自动智能判对错，将教师从重复性强、耗时长的批改工作中解放出来。在对主观题的智能批改中，需要支持教师手势快捷、整页和单题等多种批改模式，支持点评、推荐、打回、订正，标注典型题、典型错题、典型解法，智能评级等功能，适应多种作业批改场景，且操作要简单易用。

（四）多维度学情分析，智能画像，助力减负增效

课题组分析了市场上的常规作业系统，发现在数据分析上，大多停留在数据统计和浅表性提炼阶段，如教师作业布置数量、学生完成数量成绩分数等作业报告，而课题组要建设的智慧作业平台学情分析方面，要实现：

（1）数据分析全面化：借助于"知识诊断算法模型"等技术，在学情基础数据上，还要深入到学生画像、班级画像、练习册画像、知识画像、错题库画像等数据更智能更全面的领域。

（2）共性与个性薄弱点：通过认知诊断模型构造出学生的知识点矩阵，通过算法智能诊断出学生的知识点掌握程度，找到共性或个性薄弱知识点，自动生成班级、学生知识/同步图谱、班级错题库、学生错题本等。

（3）智能推送：以数据为基础，通过智能推送逻辑生成高质量的个性学习建议，推送有针对性的练习、微课等。

通过多维度数据直观展现给家长、学生、教师、管理人员，助力实现高效精准智能的教学、个性化学习。

（五）数据中心实现智能化，具有开放性，助力教育高质量发展

智慧作业平台的数据标准拥有 30 + 多维精细化标签体系，涵盖知识、章节、能力、认知水平等维度，经过 10 多道加工工序，确保每一条资源都是精准建构的。智慧作业平台本着智慧数据开放性标准化的原则，力求搭建学校或教育集团统一的数据中心。在统一的数据中心，通过采集学生作业、考试等数据，进行智能化诊断分析，将计算结果进行留存和统计，用作班级、年级、学科、学生等数据反馈。未来，在集团或区域内，数据可进行循环引用，将同校区或跨校区上一届收录的数据，用作下一届智慧学习智能推荐的计算依据，实现数据在全集团的共建共享，发挥数据更大的教育价值，为实现教育高质量发展提供数据支撑。

教师是教与学的设计者，同时作为智慧作业平台未来的应用者，深入参与到平台的建设过程中，同时是一个设计者、一个指导者、一个帮助者，真正助力信息技术与教育教学深入融合。

第二篇　集团化办学

集团化办学中的北京市海淀区基础教育

党的十八大以来，教育领域全面深化综合改革，大力推进教育优质均衡发展，努力办好人民满意的教育。2012年发布的《国务院关于深入推进义务教育均衡发展的意见》明确指出，发挥优质学校的辐射带动作用，鼓励建立学校联盟，探索集团化办学，整体提升学校办学水平。2017年发布的《关于深化教育体制机制改革的意见》提出，改进管理模式，试行学区化管理，探索集团化办学，采取委托管理、强校带弱校、学校联盟、九年一贯制等灵活多样的办学形式。教育集团化办学在各地丰富实践的基础上再次加快推进。

作为基础教育领域政府主导下的一种办学模式的创新，教育集团化办学首先带来的是教育组织管理的创新。它是一种以契约为纽带构建的大规模多层次组织形态，是通过优势互补或以强带弱，推进教育资源优质均衡发展的办学模式。北京市海淀区的集团化办学探索，从21世纪初开始发展到现在，积累了丰富的经验，取得了显著的成效，带动了一批学校办学质量迅速提升，有效缓解了百姓"入好学难"的矛盾，但在实践中，还存在着一些影响集团创新绩效的因素。有鉴于此，笔者拟对海淀区集团化办学的具体情况进行探究，以期对其他地区集团化办学改革有所助益。

一、海淀区教育集团化办学的实践

海淀区是教育文化科技大区，常住人口约360万，全区有中小学163所，幼儿园171所，在校生总计达33万人，教职员工3.4万人。随着人民群众日益增加的对优质教育的需求，海淀区开始通过由名校合并薄弱校、承办新建配套等举措扩大优质教育资源覆盖面。

2002 年，由五一小学合并永定路一小、二小，中关村一小承办天秀花园配套教育设施，拉开了海淀区探索集团化办学的序幕。在历时多年的集团化办学实践中，优质校通过输出先进的办学理念，促进干部教师交流，强化课程整合开发，推动人才贯通培养，增强了薄弱校的自身造血机能，带动发展了相对薄弱学校和农村学校，实现了新建学校的高起点发展。海淀区集团化办学的实践探索主要集中在以下五个方面：

（一）统筹开展干部教师交流轮岗

集团总校通过派出干部和骨干教师队伍，定期开展优质课展示、教学研讨、交流培训等活动，实现了教师资源的柔性流动，盘活了后备干部和名师资源，促进了学校之间的干部教师交流。2016 年，海淀区又制定下发了《海淀区义务教育学校教师交流工作方案（试行）》，遵循结构合理、优化配置、刚性指标、柔性交流原则，要求各教育集团统筹负责集团内干部教师交流轮岗工作，集团内名师工作室、名班主任工作室、劳模工作室、学科教研基地等，优先面向集团内开展工作，建立了人员选派、考核评估等管理制度，将集团交流工作纳入集团办学质量考核和教师绩效考评激励机制中。如清华附中加强教师跨校研修，农科院附小建立五个校区的教师共同教研机制，北京一零一中建立教师发展学习共同体，通过搭建各种平台，使优秀师资和先进理念流动起来，为集团内每一位教师提供进步的空间，整体提升了师资专业化水平。

（二）积极推动课程共研与共享

集团化办学充分发挥优质校的课程优势，输出课程建设理念，加强对成员校课程规划、研发与实施的指导，推动了学校之间的课程整合与开发，为集团内所有学生提供了丰富、多样化的课程资源。人大附中、十一学校、理工附中等学校，集团内既有中学又有小学，学校积极探索跨学校、跨学段、跨学科的融合育人模式，拓宽了学生的学习空间和资源。九年一贯对口直升机制的建立实施，进一步丰富了教育集团的内涵，拓宽了学校视野，促进了中小学之间的课程衔接与互动，为促进大中小学一体化的人才贯通培养模式改革奠定了良好的基础。如十一学校构建分层、分类、综合、特需的赋予学生选择权的课程体系，中关村二小集团内统一规划、同步实施教育教学工作，制定统一的教育教学评价和激励机制，实现三个校区同步发展。

（三）搭建教育资源统筹使用平台

学校之间在软硬件基础上差异较大，在集团化办学模式下，优质校的大型运动场馆、实验仪器设备、教学辅助用具等硬件设施在集团内部共用共享，发挥了硬件设施的最大使用效益。集团的一体化管理机制、信息技术共享平台，也为软硬件资源的互动共享提供了技术保障。如交大附中教育集团以"品质相同，各具特色，聚焦质量，协同发展"为发展思路，对管理共通和资源融通进行了有益探索，促进了集团办学效益的提升。翠微小学集团横跨南北区域，学校成立了五个校区委员会，建立了大年级组和大学科组的网状管理架构，为资源和信息共享融通提供了机制保障。

（四）促进先进理念和特色文化的融合共生

名校将薄弱校纳入一体化管理，在促进设施、课程、师资等资源共享的同时，为薄弱校输入了先进的办学理念，同时也借助自身影响力，保持、挖掘、扩大了薄弱校的传统办学特色，实现了先进办学理念和特色办学文化的融合共生，丰富了名校的品牌内涵。如人大附小属于一校五址，在七彩教育理念的统一指导下，五个校区在校园文化、德育课程、实践活动、教育评价以及家校工作中，形成了具有人大附小特质的七彩育人模式；同时，亮甲店校区挖掘原有武术文化的精髓，以打造"武学园"为校区特色，建立了武术馆，创设了一年一度的武术文化节以及武术文化圣地研学活动，丰富了人大附小集团的整体办学内涵。

（五）促进现代学校管理制度变革

集团化学校办学规模不断扩大，管理边界逐步淡化，促使学校不断变革管理制度，构建更加科学合理的内部治理体系。十一学校探索制定了学校章程，设立了教代会、学术委员会、学生会、家长委员会等组织，明晰职责权限和运行机制，共同参与学校治理，促进了现代学校制度的建立。人大附中探索建立的联合总校管理机制，对于处理好集团内部成员校之间的关系、集团与外部治理主体的关系，提供了有益的探索。

二、海淀区教育集团化办学的类型与治理模式

通过对海淀区集团化办学的组织产生方式、法人治理结构等维度进行梳理分析，可以看出，海淀区集团化办学主要有四种类型和三种模式。

（一）办学类型

从集团化办学产生的方式来看，海淀区集团化办学主要有四种类型：名校委托承办、名校办独立分校、一校多址办学和对口直升机制学校。

名校委托承办。这种类型是指两种不同体制间的学校的合作，即由区教委委托大学附中、附小承办办学相对困难的区属公办校，如委托人大附中承办蓝靛厂中学、清华附中承办永丰中学、人大附小承办银燕小学和亮甲店小学等。

名校办独立分校。这种类型主要是指将新建小区配套学校交由名校承办，或由名校承办薄弱校、农村校，如十一学校承办西三旗龙樾配套、田村山配套，承办206中学与群英小学、承办太平路中学；交大附中承办105中学、明光中学等。

一校多址办学。这种类型主要出现在集团化办学探索的初期，更多地集中在小学领域，是指将一所薄弱校并入优质校，由优质校完全接管，实现人、财、物的统一管理，并实施分校址、分年级办学。如中关村二小西北旺分校、华清分校、翠微小学温泉分校、白家疃分校；也有部分区属中学建立分校址，如理工附中南校区、车道沟小学部、一零一中温泉分校等。

对口直升机制。这种类型是近两年新出现的一种合作办学模式，指在一所优质中学与一所薄弱小学之间建立对口直升机制，用良好的升学预期来引导家长就近入学，目前海淀区有17对对口直升机制学校。

（二）治理模式

从集团校法人治理结构看，海淀区集团化办学主要有三种模式：一个法人一体化管理、混合式管理、多个法人联合管理。

一个法人一体化管理模式。这是在实践中经常采取的一种管理方式，即一个集团内所有成员校法人一般都由总校校长担任，学校日常运行由派驻的执行校长负责，这种模式的特点是学校之间联系紧密、管理一体、模式相同、理念统一、资源统筹力度较大。

混合式管理模式。这是集团化发展从初期到成熟期的一种过渡模式，即在集团校总校的统一管理下，对于新接的配套学校或者发展较为快速的分校，直接由集团校推荐法人和校长，对于发展较为薄弱的分校，保持由集团校总校校长担任法人的架构。如十一学校采取的是分校—盟校—独立校的协同发展三部曲：第一步，把薄弱学校先变成一个分校；第二步，扶持薄弱校成长成熟后，将其转变为一个盟校；第三步是成为独立法人、自主发展的学校。

多个法人联合管理模式。这是集团化办学发展到较为成熟阶段采取的一种模式，即集团内成员校的法人基本由集团总校推荐担任，这种模式的特点是学校管理责任明晰、特色鲜明、竞争发展、队伍成长明显。

三、海淀区教育集团化办学中存在的影响组织创新绩效的因素

集团化办学是一种具有特定目的和意义的学校管理模式探索，更多停留在基层学校探索层面，尚没有规范的市区级管理制度和机制作为治理依据。随着集团化办学的深入推进，产生了规模日益扩大、运行机制不规范、政府政策保障机制缺乏、持续性创新发展动力不足等问题，影响了集团化办学的创新绩效。

（一）集团办学规模扩大，整体管理难度增加

随着成员校的逐步增加，集团化学校管理规模不断扩大，有的教育集团在校生已经有7000余人。早期的教育集团化办学，对集团总校与被托管学校之间的地理位置、学校特色、发展水平没有进行统筹设计，造成集团成员校存在不同程度的差异，增加了集团整体管理的难度。资源基础理论认为，组织所处的网络规模越大，越能通过资源的共享、整合来提升创新绩效。但是，正如曼瑟尔·奥尔森的集体行动理论指出的，小集团比大集团更富有生命力更有效率，规模庞大的组织需要一定的选择性激励机制才有可能实现集体目标，而且需要剧增的组织成本。而现有的学校管理架构是依据中小学办学条件标准制定的，难以适应特大规模学校的管理。

（二）行政授权不清晰，运行机制不规范

从外部治理来看，学校是受教育行政部门委托，行使教育管理权的机构，政府主导下的集团化办学，在政府与学校的委托管理关系之外，又增加了一层集团化总校与被承办校之间的委托管理关系。但是如何界定这种新增加的委托管理关系下的三方权责，还没有明确的制度性规定。从内部治理来看，集团化办学大多采取一个法人一体化管理的模式，但分校的日常运行一般由执行校长负责，容易造成法人与

执行校长之间权责不清晰，导致管理和责任漏洞，集团化管理缺乏统一的组织机构保障，各校管理模式不同、授权不同，存在着一个执行校长既负责集团内党建、教学、德育等某一块职责，又单独负责一个校区整体管理的现状，即一人多岗、一人多校现象，影响了单个学校正常的教育教学秩序。不同教育集团的管理模式和运行机制，也带来集团输出资源的力度不同、成效不同。

（三）外部性政策保障机制缺乏

海淀区委区政府为集团化办学提供了相应的政策支持，如建立了办学经费补贴、绩效工资补低和奖励、专项发展项目倾斜、编制支持等制度，赋予集团校一定的人事指标、人员招聘统筹权。但是，受现行办学体制机制的限制，集团成员校之间在教职工绩效工资分配、经费补贴使用、人员招聘等方面依然存在壁垒。集团化办学后，优质校派出大量干部教师扶持薄弱校发展，造成母体校干部教师缺乏，受制于现有的干部岗位设置标准，无法打通干部任命、使用等障碍，制约了母体校人才的梯队培养。集团内成员校之间教师绩效工资有差距，待遇不均衡，也不利于集团校的人才流动和资源统一配置。政府政策保障机制的缺乏，影响了集团校办学的积极性。部分名校扩张后，由于输血过多、造血不足，反而造成优质教育资源本身被稀释，出现教师队伍建设和教育质量下降的倾向。

（四）持续性创新发展动力不足

组织领导的个人风格对组织创新绩效有明显影响。校长是优质教育品牌的灵魂人物，名校校长的个人领导力、人格影响力对于集团办学至关重要，校长的变动可能对集团的持续发展造成影响。组织研究理论表明，一个创新网络中，成员的多样性、网络的开放性和互动性都会对创新产生重要的影响。集团化办学在输出优质校先进的办学理念和管理文化的同时，也带来了部分成员校原有办学特色和文化的中断或消失，不利于形成各具特色的生动的办学实践，而文化的融合共生才可以保障组织的持续创新发展。

四、深入推进海淀区教育集团化办学的建议

随着跨界融合逐渐成为产业发展的重要趋势，大量组织采取合作创新、协同创新的方式共享创新资源、提升创新能力。教育集团化办学作为一种教育组织管理的创新模式，在促进区域教育公平，优化教育资源配置，促进中小幼人才贯通培养方面发挥了重要作用，是一定时期内比较切实有效的教育组织创新形式。但学校是服务人的发展的一种特殊社会组织，一切管理行为都围绕发展学生全面素质展开，有别于标准化、流水线的生产组织。在深入推进集团化办学中，借鉴组织管理和创新的相关理论，并充分考虑学校组织的特殊性，建议从组织规模、管理运行机制、政策保障机制、关键因素等方面入手，解决集团化办学的困境问题。

（一）保持教育集团适度的规模

协同创新网络认为，当下的创新主体，越来越寻求各种合作创新，通过交互作用和系统效应形成具有聚集优势的开放的创新网络。但同时，网络规模对组织创新绩效的影响是呈现倒 U 形的，即一个网络规模在临界点之前，组织创新绩效会随着协同创新网络规模的扩大而提升，一旦超越这一临界点，则会发生相反的变化。因此，应防止无限度扩大教育集团，将集团控制在一个适度的规模，确保集团的创新能力。可以通过建立集团孵化机制，为薄弱校提供资源、课程、理念和人才的共享，经过一段时期的培育后，实现被扶持薄弱校的快速成长，从而逐步脱离集团母体校。因此，应将教育集团视为一个不断引入新的成员、不断培育释放新的优质品牌的载体、孵化器、平台，而非一种实体办学机构。

（二）建立权责明确的集团管理运行机制

学校管理应该以完善的法人制度为基础，依法自主办学。教育集

团是一种由多个独立法人学校组成的新的教育组织形式，应该设立独立的集团组织机构，如集团管理委员会、集团办公室、理事会等形式，建立完善的集团管理外部和内部运行机制，如集团内集中决策、民主管理、沟通协调等机制，既对每个成员校法人的权利义务进行清晰的界定，确保成员校法人的依法自主管理；又要赋予集团母体校法人一定的集团管理的权利义务，以实现集团的统一管理，确保集团的办学品质。在外部，要充分吸纳外部的相关联的不同治理主体，参与学校的合作治理，如家长、社区、资源单位、专家群体等，保持学校办学所处环境的开放性、互动性，为组织创新提供资源环境。

（三）完善政府的政策保障机制

基础教育的集团化办学，是政府主导下的办学模式改革，是对优质教育资源的一种有目标导向的重组配置。因此，在改革的过程中，政府要发挥主导性作用，为集团化办学提供强有力的政策支撑，确保集团化办学的效果。要加大地方党委和政府的政策协调力度，打破校际边界，赋予教育集团一定的人事、经费和资源统筹权，创新集团干部岗位管理和绩效工资制度，开展集团办学第三方绩效评估制度，建立集团母体校法人激励补贴机制，将集团化办学贡献纳入校长职级制的重要参考指标，为集团化办学创设良好的外部环境，激发集团办学活力。

（四）关注集团创新发展的关键因素

要关注教育集团校校长队伍的选拔培养。领导理论认为，领导风格能够影响一个组织的创新绩效，其中变革型领导能够通过改变员工的理想、兴趣和价值观来激励他们超越自身利益，并重视通过示范作用、模范效果引导员工关注组织利益，提高效能。组织所处网络中成员的多样性、网络开放性和互动性对组织创新绩效具有显著的正向作用。要确保集团成员校的多样性，注重集团内小初高等不同学段的结构优化和协调发展，提升课程设置、教学实施、人才培养的系统性和衔接性，要在资源共享、要素整合的基础上，鼓励集团成员校保持相互之间的包容、开放与互动，加强特色传承和优势互补，使集团内各类资源、知识、信息和创意合理流动起来，形成兼容并蓄的文化氛围，创造丰富多元的教育生态。

集团化办学的治理效能与"六个一体化"

在以高品质集团化办学推动基础教育高质量发展的过程中,如何提升教育集团的发展水平,实现教育集团的协调均衡发展?当单体学校走向集团化办学后,要管理庞大的教育集团,必须提升集团内部治理能力,使管理机制、管理方式、管理手段适应集团发展的需要。北京一零一中自 2019 年 5 月正式实施集团化办学以来,如今已发展为海淀区最大的教育集团,拥有 16 个校区,一千多名教职工,一万余名学生,覆盖从幼儿园到高中所有学段。在集团化办学实践中,北京一零一中教育集团不断以制度创新和制度供给回应集团化发展的现实需要,从制定集团总章程,到改革垂直化管理体系为扁平化管理体系,再到提出"六个一流"建设目标,不断推进集团管理的"六个一体化",为集团内部治理体系的完善和治理能力的提升做了有益探索,为教育集团的高品质可持续发展提供了内生动力。

北京一零一中教育集团全体校长会议

一、管理机制一体化：优化集团组织架构

北京一零一中教育集团推进管理机制一体化的初衷在于从教育集团的整体目标出发，采用现代管理学的方法，建立一种能够满足教育发展的集团章程和管理机制，使各项管理标准和要求覆盖整个教育集团，实现集团内部治理的整体优化。管理机制一体化的最终落脚点在于提高教育集团的管理水平和增强集团内部治理能力，从而赢得整个教育集团更大的发展。

在集团化办学过程中，随着集团内各个学校的合并重组，学校干部队伍不断扩大，集团需要不断改善权责配置。为了建立分工明确、关系和谐、组织内耗小效能高的管理团队，在"淡化职位轻身份，强化岗位重实绩"的原则下，我们提出建立扁平化管理机构，从垂直模式转向多项交叉的互联模式，建立用数据决策、机制创新的新型管理模式，以此来提升学校治理现代化水平。北京一零一中教育集团通过优化集团的组织架构，改组原先的组织机构，设立了"六大行政管理部门"，即学校发展中心、教师发展中心、学生发展中心、课程教学中心、国际教育中心和后勤保障中心，在综合考虑各中心部门业务职能、强调顶层设计的基础上，我们将集团的一体化管理体系划分为决策管理、运行管理和支持保障管理三个部分，实现对集团各方面事务的全方位管理。

在推进管理机制一体化过程中，我们用一整套统一的集团章程对所有成员校进行统一管理，使整个集团的教育教学活动和其他配套建设实现规范化、制度化，这样不仅减少了各成员校在管理上各自为政的不协调性，而且可以大大提高集团的管理效率，增强集团的竞争力。北京一零一中作为集团龙头学校，一方面要输出办学理念、管理方式、课程方案、质量标准，发挥"火车头"作用，承担教师发展研修孵化器作用，助力集团教师素养的整体提升；另一方面，要整体规划集团的办学方向、办学特色和发展目标，通过组织牵头、纵横联动、群建

共享，促进集团内各成员校的高质量与特色发展。集团校务委员会会议是集团专业领导的经常性工作会议，校务委员会在集团总校长主持下对集团成员校提出的重大决策进行审议，并制定实施方案；与此同时，校务委员会要讨论、研究和决定集团行政工作中的重要问题，部署日常工作任务。

总之，推进管理机制一体化是提高集团管理水平的需要，是提高集团内部治理效能的重要途径，也是增强集团竞争力的重要手段。就管理机制一体化的意义而言，它在"六个一体化"中起到统领作用。

二、资源配置一体化：有效整合优质教育资源

基础教育集团往往存在教育资源总供给与总需求之间的供不应求问题。如果集团内的优质教育资源包括优质校的教师资源、课程资源、文化资源等能够在集团内各成员校间得到较好的调配和利用，那么这将有利于提高薄弱校的办学能力和教育水平，从而推动教育资源的均衡发展。但资源配置一体化并不等于优质资源在集团内各成员校间平均分配，这样不仅会过度透支优质校的资源，造成优质教育资源的过度稀释，而且容易造成薄弱校成员冗杂、人浮于事，影响整个教育集团的高效运行。有效整合、配置和共享集团优质教育资源是促进集团高质量发展和集团治理能力提升的关键。目前北京一零一中教育集团的规模已达到16个校址，集团内成员校之间地理位置跨度较大。为了破解教育资源难以实时共享的难题，解决集团优质校优质师资相对集中、新成员校教育资源相对不足的问题，北京一零一中教育集团积极推进集团内部干部和教师轮岗流动，均衡优质资源。一方面，集团龙头校北京一零一中不断向成员校派驻教育教学干部和优秀教师，为成员校"输血"；另一方面，成员校也派遣一些教师到龙头学校通过顶岗培训、跟岗培训等形式不断提高自身教育教学能力，提升成员校自身"造血"能力。另外，北京一零一中教育集团学术委员会每个月安排学术委员分别到不同成员校对各个学科进行教学视导，指导课堂教

学，为成员校的教师专业发展提供学术帮助。学术委员会对整个教育集团的教师专业发展和教师学术素养提升都起到了引领和促进作用。

在借用校外教育资源方面，集团本着"不求所有但求所用"的原则，与国内一些大学开展战略合作，以满足集团发展的需求。例如：集团在北京理工大学的支持下，创建了"先进与智能车辆技术创新实践基地"和"大数据与金融工程创新实践基地"。集团与同济大学开展"苗圃计划"合作，旨在让中学与高校培养充分连接，培养国家急需的高端创新人才。

同时，集团按照未来学校的发展方向推进生态智慧校园建设，借助现代信息化、网络化平台，使得集团网络化资源触及、延伸到了每一所成员校，不仅改变着各成员校内部的教学方式、教研模式和交往形式，也对集团的资源配置产生了深刻的影响。数字化资源平台的建立推动了集团内优质教育资源的共享，教育资源的一体化配置从各方面都体现出集团"以学生为中心，促进学生成长，促进学生多样化学习、多元化发展"的生态智慧办学理念，同时也体现了集团发展的绿色、智慧、自由、开放等特征。

三、课程教学一体化：整体规划集团课程建设

北京一零一中教育集团推进课程教学一体化实施，在集团内建立了大教研机制，由圆明园校区各个教研组长、备课组长牵头，各个成员校相应的教研组参与，通过网络视频方式实现了集团内各成员校之间的统一集体备课和教学研讨。

为了实现"培养具有担当意识和能力的未来卓越人才"的育人目标，北京一零一中教育集团贯彻生态智慧教育理念，从学生发展需要出发，整体规划学校课程建设，构建了包括"三层八域"的学校课程体系。其中"三层"包括第一层基础能力课程，是所有学生的共同必修课程；第二层拓展研究课程，是在共同必修的基础上，满足学生个

性化发展需求的选修课程;第三层拔尖创新课程,是针对拔尖创新人才培养的特色课程。"八域"是指学校课程涉及的数学与逻辑、语言与文学、科学与技术、人文与社会、艺术与审美、道德与伦理、生命与健康、实践与活动等课程领域。八个领域的课程又进一步细化为32个系列。

此外,集团还通过未来智慧校园OMO即"线上融合线下"的教学与管理模式,根据集团内各校区的学生在线学习数据确定学生的学习状况,进而调整各校区相应的学习方案,以此满足学生的学习需求。这种线上技术所能收集的数据越多,就越能够确定学生学习中的优势与面临的挑战,从而为学生提供提高学习能力的方案,帮助学生选择恰当的学习层次和学习内容。这种教学与管理模式不仅可以为学生设计出更适切的学习方案,而且能够为他们提供个性化的学习经历。例如:在智慧校园的"在线智慧施教"选项中,教师可以根据学生的在线学习数据和评估数据,为学生设计难度适当的作业,由此避免出现作业量过大和作业内容的盲目性等问题,做到因材施教。

四、教师培训一体化:增强各校区的"造血功能"

随着集团化办学规模的扩大,如何在打破集团内成员校之间师资培训壁垒的同时,防止优质教师资源的透支和稀释,成为集团化办学中的一道难题。而破解这一难题,关键在于一方面各个成员校要构建自己的"造血"机制,变依靠型的"输血"为自力更生型的"造血";另一方面,集团要通过教师发展中心对新入职的教师进行统一培养,培养合格后再统一派往各成员校上岗。

为推进教师培训一体化,教师发展中心为教师专业发展搭建平台、提供路径,目标就是为集团培养大批好教师。为此,教师发展中心要通过聚焦教师专业发展中的真实问题,以教师的困惑和问题为导向,帮助教师制定专业发展规划和职业生涯规划,为教师明确具体的发展方向。例如:教师发展中心基于"专业基础""专业实践"两大维度,以及"健全人格与职业道德""学科与教育教学专业知识""促进学生的学习与发展""教育教学研究与专业发展"四个领域，制定了教师专业发展20条标准，对教师职业发展"从新手到熟练""从熟练到成熟""从成熟到卓越"三个阶段做了"结果指标"的描述，为不同层次教师的专业发展指明了清晰的路径。

另外，集团学术委员会的名优教师通过下校进行教学视导活动，对各成员校的任课教师进行听评课指导，既扩大了名师、优师的引领效应，又将集团内教师的研究培训与提高结合起来，促进了教师专业水平和素养能力的跨越式提升，进一步增强了各成员校的造血功能。

五、质量评价一体化：打通集团管理目标实现的"最后一公里"

质量评价是评估和总结集团化办学效果的重要手段和依据，集团化办学效果的提升离不开科学的一体化评价机制的构建。传统的评价体系往往缺乏人文关怀，大多是从关注事的视角，严格按照量化评价指标进行评价，不太重视教师的情感需求。鉴于此，北京一零一中教育集团在推进质量评价一体化过程中始终坚持以人为本的理念，将评价体系的量化指标与集团文化有机结合起来，推进评价主体多元化，采用多样化的评价方式，制定系统科学的评价体系，同时注重评价后的反馈，将评价重心从发现与规定要求的偏差转变为关注管理的效率和效果。在此过程中，我们通过数据分析发现集团化办学过程中管理的薄弱环节和最需要改进之处，通过治理体系的改进和治理能力的提升，固化改进成果，进而持续提高集团的整体绩效评价和管理能力，切实发挥评价的改进作用。

北京一零一中教育集团根据一体化管理架构，围绕集团的愿景目标，建立一体化的教师管理绩效评价指标体系，覆盖集团内的所有部门，同时采用目标管理的方法对指标进行逐层分解，实现从集团发展目标到教师绩效指标的有效转化，从而使所有教师都能够了解为实现发展目标所需要的日常教育教学活动要求，以便更好地执行每个阶段的任务。

例如：为了培养高素质、专业化、创新型教师队伍，我们依据前文提到的教师专业发展20条标准对教师的发展状况进行评价。20条标准是对教师关键表现领域的细分，是概括性的素质和行为表现。这些标准（条目）的描述尽量直接表达含义和意义，如"关爱学生，教书育人""设计合理的教学方案"等。我们将标准又进一步细化为结果指标，形成对教师在特定发展阶段专业基础和专业实践的具体要求，每一条标准既细化为若干具体的要求，又体现出程度上的差异。质量评价一体化打通了确保集团管理目标实现的"最后一公里"。

六、学生培养一体化

发挥育人目标的统领作用。学生培养一体化不是整个集团内各个成员校教学模式、课程设置和管理方式的同质化，更不是要求集团内其他成员校丢掉自己的办学特色，盲目追求与优质校趋同，而是通过集团内专业化的组织管理协调，使学科教师在课程方面实现联合研发与实施，实现不同课程资源的整合，为各成员校的学生提供满足其个性化需求的丰富多样的课程。集团成立了翔宇学院，强化学生德育工作，通过学生成长共同体项目培养学生的家国情怀、集体主义精神与合作共赢理念。学生成长共同体是根据学校班级授课的实际情境，在初中和高中阶段按照异质、均衡、互助、共生的原则，由学习者与助学者（包括任课教师、家长志愿者、学长志愿者和社会其他辅助者等）共同构成的团队，每个小组一般有6~7名学生，分别担任组长、纪律长、运动长、阅读长、劳动长、作业长。共同体成员具有共同的目标，相互尊重，平等交流，资源共用，彼此分享情感、思考、体验和观念，促进全体成员德智体美劳全面发展。

集团还成立了英才学院，学院课程对集团内所有校区的学生开放，实行跨学科、混龄式培养，致力于培养国家发展急需的具有全球化视野和担当精神的创新人才。英才学院拥有具有鲜明的北京一零一中特色的特殊人才培养机制。在清华大学、同济大学、北京理工大学、中国科学院等高校和科研机构的支持下,由国内最高水平的专家和院士领衔,在英才学院创建实验室并亲自指导。集团依托国际教育中心高品质教学资源,汲取 IB 课程精髓,打造 GITD 学院,致力于培养具有中国情怀的国际创新人才。此外,集团还成立若干个书院,开设相应选修系列特色书院课程,主要包括人文方法课程、人文经典课程、人文实践课程、科学素养课程、大师领航课程、学术创新课程等,向集团内所有学生开放。

随着北京一零一中教育集团承办从幼儿园到高中全部学段的教育,集团还在跨校、跨学段、跨学科、中小学一贯制联合育人模式方面进行了探索。学生培养一体化不仅为学生拓宽了学习空间,而且丰富了学生的学习资源。网络、远程等新技术载体的应用,为集团成员校间教师的联合备课、教学会诊、教学研讨等活动提供了在线途径。北京一零一中教育集团借助现代化的信息网络打破时空局限,实现了多个校区的学科教师齐聚"镜头"前集体备课,共同探讨教学思路,为推进学生培养一体化目标的实现创造条件。

北京一零一中教育集团遵循教育治理现代化的要求,客观面对集团内各成员校的现实差距问题,构建了有序、和谐、科学的集团化运营机制。"六个一体化"的集团化办学综合推进机制,为集团的制度优势更好地转化为治理效能奠定了坚实基础,对集团发展起到了凝神聚力的作用,有助于集团文化的认同建构,从而使北京一零一中教育集团从教育共同体走向文化共同体、价值共同体。

集团化办学中学校现代化的 4E 价值维度

习近平总书记在党的二十大报告中指出,"教育、科技、人才是全面建设社会主义现代化国家的基础性、战略性支撑。坚持以人民为中心发展教育,加快建设高质量教育体系,发展素质教育,促进教育公平。加快义务教育优质均衡发展和城乡一体化,优化区域教育资源配置。"

实施集团化办学是促进教育公平、推进基础教育优质均衡发展的重要方式。北京一零一中自 2019 年 5 月正式实施集团化办学以来,如今已发展为海淀区最大的教育集团,现有 16 个校区,一千多名教职工,一万余名学生,学段涵盖幼儿园到高中。在集团化办学实践中,北京一零一中不断以制度创新和制度供给来回应集团化发展的现实需要,从制定集团总章程,到改革垂直化的管理体系为扁平化管理体系,不断推进集团管理的"六个一体化",为集团校内部治理体系的完善和治理能力的提升做了有益探索,为集团的发展提供了内生动力。基础教育集团内部治理体系是整个教育治理体系的重要组成部分,作为一种基础性的教育制度安排,北京一零一中教育集团的治理体系和治理能力建设直接影响集团校的教育治理水平和教育公平,基础教育集团不仅是一种组织形态,而且具有一种价值承载,而集团校价值理念的供给与创新是集团内部治理的先导。

一、4E 价值维度的含义

从价值维度视角研究学校实现现代化的文化路径,为基础教育集团化办学内部治理提供了价值指向,北京一零一中在坚持学校立德树人这一最高和根本宗旨的前提下,实现人的自由全面发展与学校现代化的辩证统一,为此,集团化办学必须坚持师生的主体地位,让师生共享发展成果。

(一) 公平(Equality)价值维度

教育公平并非是指学生起点和结果公平,而是指学生享受教育过程中的公平,学生不论怎样的出身和背景,都能公平地获得相适合的学习资源和学习机会,让学生在接受教育过程中体验到合理的主客观需求得到公平的满足感。教育公平的价值内涵当中必然包含每个师生都受到公正对待,受到同事或同学的尊重和重视,师生的基本权利和合理需求得到保障和满足,每个学生都可以公平地获得实现其自身价值和幸福的条件。

教育公平的重要性不言而喻。对个体而言,有助于师生实现自身的价值并获得幸福感,也为学生步入社会做好必要的准备;对社会而言,教育公平有助于消除教育不公诱发的各种矛盾和不稳定因素,从而顺利实现教育现代化和社会稳定发展。

(二) 效能(Efficiency)价值维度

尽管课堂是学校教育活动的主阵地,但不能仅从有效教学或课堂效率等视角来界定学校效能,仅从经济学意义上研究物质教学资源、时间和精力的投入与教学效果这一产出之间的关系是不够的,学生的学业成果固然是衡量学校效能的重要方面,但这种评价维度只注重学校的升学成绩而忽视了学校的育人功能。

经济意义上的效能是指在给定的投入和技术等条件下,最有效地使用资源以满足设定的愿望和需要的评价方式。学校效能不仅包括学校对学生所产生的教学影响程度,而且包括能够使学生取得已有成绩基础上更大的进步,这是从经济学视角来界定学校效能,即学校教育对学生学业成绩提升的程度。合格人才的培养,即学生在校期间取得的进步是最常见的效能评价指标。也有学者从政治学视角和社会学视角来界定学校效能,把学校效能视为学校实现国家规定的教育目标的能力以及学校满足社会群体对学校期望的程度。由此可见,学校效能不仅包括学校的育人能力和育人效果,而且包括学校自身的治理结构的完善和治理能力的提升以满足社会需要的程度这两个方面。

(三) 赋权(Empowerment)价值维度

"赋权"从字面意义上解释为,"使有能力,授权给某人,授予权威或权利"。赋权理论的核心是服务对象的权利问题。在北京一零一中集团化办学背景下,在集团内部治理过程中,赋权的实质问题是给集团内部各成员校实际上的自我决策、自主实施的权力。不同于自上而下的行政管理,集团内部治理是各个集团校成员多元参与、多元共治与协商的过程,这就需要集团校内部领导层通过权利的让渡与再分配过程,赋予各集团校权力来逐步实现多元参与、资源共享、民主协商和多元治理。

根据赋权的目的与方式不同,可以将赋权分为传统意义上的行政赋权和现代意义上借助互联网新媒体等现代传播手段的技术赋权。为了实现集团可持续发展,提高集团化办学质量,优化集团内部治理结构,提升集团内部治理能力,集团总校会赋予集团校成员更多自主性行政权力,扩大分校在办学活动中的治理内容。随着互联网新媒体技术的发展,知识的获取和信息的传播超越时空的界限,正在重塑行政主体与行政对象、学校与社会之间的关系,这种情况一方面激发了民众的公共权利意识,另一方面,为民众参与治理提供了可行的实践途径。在集团内部治理中,权力主体以移动互联新媒体等技术为媒介实现权利的分配、让渡和转移,就构成了技术赋权的实践。

(四) 生态(Ecology)价值维度

从本义来讲,生态价值观是生态文明的理论先导,追求的是人与自然的和谐共生、协调平等与可持续发展的状态。"教育生态"主张用生态学的方法来研究教育,是指对教育和教育产生、存在和发展起制约和调控作用的多元环境体系。当前主要存在两种观点：一种认为教育生态学是研究教育与其周围生态环境之间相互作用关系的一门学科，另一种认为教育生态学的研究对象是由教育及其周围生态环境共同构成的教育生态系统。在本课题研究中，教育领域的"生态"是指学校有一个生气蓬勃、协同和谐的良好学习环境；科学和人文融为一体，教师和学生和谐共生。

与"赋权"这种制度化的刚性价值维度相比，"生态"作为学校在推进现代化进程中的基本价值追求之一，是一种柔性的治理形态，除了学校的自然环境，更多地体现为班级氛围、教师工作氛围、人际关系和组织文化，对外主要体现为学校与家庭、学校与社区的融洽以及学校与政府的互动支持。良好的学校生态是教育教学的保障。

二、4E 价值维度之间的逻辑关系

（一）效能与公平的关系

与经济领域的效率优先价值理念所引发的贫富差距、社会不公等问题一样，教育领域如果只注重效率，也会引发城乡之间、地区之间、学校之间差距拉大等一系列问题，这些问题会严重影响我国教育现代化的进程，因此必须把公平作为教育现代化的价值追求。

效能与公平价值维度之争是工具理性与价值理性之争在教育领域的体现，二者哪一个更为重要？在实现教育现代化过程中应该优先注重效能还是公平？接受教育的人的数量和教育规模的不断扩大是效能价值维度优先的体现，但由此引发的教育资源分布明显不公平问题，以及由此导致的择校难问题、高价学区房问题等越来越成为教育现代化的阻碍因素。在教育公平呼声越来越高的今天，还要不要讲效能？如果讲，在基础教育集团化办学背景下，北京一零一中教育集团需要确立什么样的效能标准，才能既能够使效能与公平走向平衡，又能够确保集团化办学的显著成效？

基础教育集团是推进教育现代化的首要载体。合理的价值维度会对学校现代化产生引领和导向作用，不讲公平只讲效能的教育现代化因为缺乏价值理性，不符合办好人民的满意的教育的初心，也违背教育现代化的初衷，只讲公平不讲效能的教育现代化又会造成教育的停滞不前。因此要在教育公平的前提下，构建合理的效能价值指标，才能为教育集团内部治理能力提升提供方向引领。

（二）赋权与效能和公平的关系

集团校内部治理是学校实现现代化的重要途径，北京一零一中教育集团在现代化过程中，追求学校标准化建设，从管理走向治理，构建多元主体参与的集团内部治理体系，提高集团内部治理能力，是学校走向现代化的现实需要。在多元主体参与背景下如何实现"多中心"治理，从而使各行为主体之间既分工明确又相互协调，生成新的制度规则与治理秩序，构建集团文化认同，赋权就成为学校现代化过程中的必然的价值追求与制度理性选择。

无论是传统意义上的行政赋权，还是现代意义上的借助互联网新媒体等现代传播手段的技术赋权，都有利于从制度和技术层面优化集团内部治理结构，提高集团化办学效率，提升集团内部治理能力。从某种意义上来讲，赋权构成了集团运行的动力机制，赋权不仅使得集团总校赋予集团校成员更多自主性行政权力，扩大分校在办学活动中的治理内容，而且激发了集团内和集团外各个治理主体参与治理的积极性，从而从制度意义上确保了集团校公平和效能价值维度的实现。

（三）公平、效能、赋权服从于生态价值维度

北京一零一中在集团化办学的实践探索中呈现出整体性、内外联动性和生态性特征，这就需要我们从生态价值维度推进学校现代化建设，为师生营造一个积极健康、和谐共生的学校环境。

以自行车模型为例，自行车的前轮代表公平价值维度，后轮代表效能价值维度，公平与效能犹如自行车的两个轮子，不可偏废，集团

4E 价值维度的自行车模型

化办学符合一体化理论,在这一理论模型中自行车要想不倒必须向前走,自行车的脚踏代表赋权价值维度,它带动齿轮链条相当于自行车的动力系统;自行车的车把是生态价值维度,它既代表了前进的方向,又体现了教育的动态平衡;而自行车的车座上坐的是学生,学生能够在自行车前进过程中,接受优质公平的教育,欣赏学习之路上的风景。

北京一零一中在基础教育集团化办学实践中,结合学校已有的现代化建设经验,建构起体现集团化办学水平和办学特色的现代化办学价值维度和指标体系,对集团校实现现代化具有较强的导向作用。集团校在推进现代化过程中,在 4E 价值维度引领下进行的一些学校组织变革和制度创新等方面的探索,为集团内部治理体系建设和治理能力提升提供了方向引领和文化路径。

三、4E 价值维度评价指标建构与实践

(一)教育公平价值维度的评价指标建构与实践

1. 教育公平价值维度评价标准

第一,教育资源的公平获取。公平并非简单地给每一位学生相同的待遇,而是包含着给不同的学生不同的待遇,即差异公平,承认学生之间的差异具有重要意义,这样才能满足学生多样化的发展需求。

在教育权利、学习的机会方面，每一位学生都应当是平等的，但在教育资源、课程资源分配时，差异公平的原则也不应当被忽视，这样才能做到因材施教。

第二，公平还包括学生在学校接受教育过程中，受到教师平等的对待。这是一种师生关系上的公平，在师生之间、学生之间的现实交往中，能够相互尊重、平等交流，避免任何形式的歧视、排斥、孤立和人格上的侮辱等不当行为。

第三，是师生在现代化学校中对公平的内在体验，即个体是否能够感知公平，是否认同自身在学校受到了公平对待。把师生作为价值评判主体，从他们的个体情感体验视角来判断公平也是一个重要的评价指标维度。师生会根据自身在校内受到的待遇，进行自我对公平的判断，从而产生公平与否的体验，这种体验会形成师生的公平观念，这种观念反过来又会影响师生的教学与学习行为，也会影响学校中各主体之间的关系。

2. 公平价值维度的实践

公平价值维度的实践主要包括以下三个方面：教育资源的公正获取、学生在学校受到公平对待和多元主体在学校交往过程中的公平体验。北京一零一中在师资培训一体化、课程教学一体化、学生培养一体化、资源配置一体化等方面所做的努力就是为了满足集团内不同校区之间师生获取教育资源的公平需求。

从教育资源的公正获取角度，包括每一位师生的基本发展权利都得到尊重。在教育过程中，每一位师生都有获得学习和发展的机会，都有通过参与班级或学校管理从而获得成长的机会。在师资调配、课程资源、网络信息资源以及学校的基础硬件设施等资源的获取方面，每一位师生享有同等的机会。

从学生在学校受到公平对待方面，要打破那种要求所有学生达到相同结果的简单粗暴的"公平"，学生之间能力的差异、发展潜质的差异、兴趣需求的差异等方面的差异是客观存在的，这就需要对每一个正在接受教育的学生进行差异化对待，才能适应学生多样化发展的需求。对学生的个性差异、能力差异等方面要在包容的基础上,采取与之相适应的教育策略,才能做到因材施教,这也与本文提到的生态价值维度是一致的。

从多元主体在学校交往过程中的公平体验来看,无论是在教师之间、师生之间的交往中,还是同学之间的相互交流中,公平还应该是多元主体人格上的平等和人与人之间的相互尊重,在相互信任的基础上体验到公平感和满足感、幸福感。学生在接受课堂教学和其他教育资源分配时,能够从主观上感受到被公平对待,这也是学生获得满意度的一个重要原因。

(二)学校现代化的效能价值维度指标建构与实践

学校现代化过程中如何通过学校效能价值标准的建构形成科学的效能评价体系,从而解决学校现代化过程中存在的问题,既能够关注学校效能的物质评价层面又能够关注学校效能的精神层面,既着眼于当下的时效性又观照未来的长效性,既考虑学校的内部效能又考虑学校的外部效能,从而为学校现代化提供方向性价值引领。

由于学校效能价值维度本身是由多种因素综合作用的结果,因此效能价值维度建构也应从多角度出发,采用综合的、动态的、发展的方式进行。

第一,学校现代化的内部效能可以从治理主体层面、治理参与者层面以及校内资源利用率等三个层面进行建构。治理主体主要是以集团校校长为代表的管理团队,管理团队的效能主要包括他们的方向引领能力、沟通协调能力以及通过学校的行政系统的运行将学校愿景目标转化为学校实际办学成果的能力。治理的参与者的效能主要包括教师和学生的效能,教师效能主要包括教师的专业发展、教科研成果、职业认同感、团队协作能力等方面,学生效能主要包括学生的学业成就、综合素质的发展以及对学校的文化认同感。校内资源的利用率主要包括学校人力资源、物力资源、信息技术资源的利用率等。外部效能主要指学校与家长、学校与社区的共育能力,以及社会家长群体、教育主管部门和社会舆论对学校的满意度等方面。

第二，当下与未来的效能价值维度不仅需要考察学校当下时段的组织变革、制度创新和教育目标的实现程度，而且需要关注学校制定的愿景与规划是否具有前瞻性，尤其是要考虑到信息化时代学校利用信息技术变革传统的班级授课。北京一零一中教育集团在疫情期间采用OMO教学，这项实践取得了很好的效果。从教育现代化视角看，教育大数据也是构成效能价值维度的重要方面。

第三，物质层面与精神层面，校长、教师与学生效能构成了学校主体效能，主体效能与学校器物层面的基础设施、资源技术效能等都是可以测量的物质效能。而学校的文化效能、文化认同、社会对学校的满意度、毕业生对母校的认同感、学生在校学习生活期间学生综合素质的增值幅度、学校的办学理念及核心价值对学校现代化的引领力等方面，则为效能价值的精神层面，精神层面的效能虽然具有柔性的一面，但其作用不容忽视。

多元效能价值维度评价有助于建构更为科学的评价体系，寻找到公平与效能之间的平衡，从而实现工具理性与价值理性的统一。

（三）学校现代化的赋权价值维度实践

赋权是集团校多元主体治理的现实需要，也是提升集团内部治理能力和管理效能的重要途径，也是实现学校现代化的重要途径。在实现学校现代化进程中，集团内部治理中的赋权价值追求是与科学合理的治理现代化理念相适应的。要实现治理现代化、提高集团校的运行效率，传统的、自上而下的科层式行政管理不能适应集团化办学的现实需求，也不符合赋权的价值追求。

学校现代化评价指标体系必然对学校现代化价值维度提出新的要求。赋权的动态过程也是集团校治理理念更新的过程，是传统自上而下线性管理模式向现代的矩阵型治理模式转化的过程，其典型特征是管理重心下移，多元主体参与，集团内各成员校之间、学校上下级之间平等对话，交流合作共同建构集团的制度文化。

在集团化办学过程中，为适应学校现代化发展需要，北京一零一中教育集团调整了传统的行政组织架构，设立六大中心，采用矩阵型治理结构，纵向上疏通管理渠道，实行权力下放以激活组织管理能量；横向上实行六大中心组织整合优化，实现管理职能转变，提高治理效能。需要指出的是，在集团内部成员校之间赋能过程中，仍然需要清晰界定各中心的权责范围，既要明确各自的工作内容和边界，又能使各中心之间充分协调合作，实现运转秩序高效协调。

（四）生态价值维度的评价标准建构与实践

1. 生态价值维度的指标建构

基础教育集团化办学背景下，学校在推进现代化的过程中，如何以学生发展为根本目的，融入生态价值理念，探究学校发展路径，应该追求以下几个生态特征：

第一，全纳包容。全纳包容意味着为每一个学生提供均等参与的机会，处境不利的学生在学校不会受到歧视，每个学生从心理上都能感受到尊重与安全。正如北京一零一中的校园生态一样，这里有参天大树，也有小树、灌木与小草，每一种生物都可以找到适合其生长的环境。从学生角度，全纳包容意味着学校要把学生放在正中央，学校发展需要面向每个学生，包括那些家庭困难、学习困难等处境不利的学生，包容每个学生，为每一位师生营造尊重与安全的文化氛围，为处境不利的学生提供相应的支持和帮助。

第二，和合共生。正如前文所述，集团校的发展是学校系统内部和外部系统之间相互作用、综合推进的复杂过程。就集团校内部各子系统而言，和合共生主要是指学校的办学宗旨、文化和育人目标、发展愿景等核心价值理念能够获得全体师生的认同，并且上升到更高一级，由认同到共享，由共享到融入学校工作的各个方面。

第三，发展的可持续性。可持续发展是任何一所学校都希望追求的目标，也是生态价值维度对学校发展的内在要求。集团校想要获得可持续发展，不仅需要通过内部完善治理体系提高治理能力来实现系统结构的优化，而且需要协调处理好与外部环境的关系。

2. 生态价值维度的实践

生态价值维度不仅需要关注集团内两个最主要的主体——教师和学生的发展，而且需要考量集团校的整体发展。衡量教师专业发展的可持续性，为集团内教师提供均等的专业发展机会和资源，建立鼓励教师专业发展的相应奖惩制度和激励机制，为教师的专业发展提供动力和保障条件。

就学生发展而言，需要为学生提供均等的发展机会，使学生在校学习期间获得良好的学习体验，有获得感和幸福感。学校要重视培养学生终身学习的能力而非只为考试而进行的机械式学习。学校要倡导学生自主学习、合作学习、探究式学习，学校因为使学生能够在校获得愉悦的心理体验而对学生具有吸引力。

就集团校自身而言，生态价值维度还要求，学校要制定合理的发展愿景目标，制定科学的发展规划，充分发掘利用好校内校外各种资源，实现学校良好运行和可持续发展。

北京一零一中教育集团的发展是其内部名校加各个分校相互关联、多种因素相互交织、综合推进的复杂系统。就集团校内部而言，只有教学、科研、德育和行政后勤各个领域积极协调、充分合作，才能在内部治理上取得事半功倍的效果，形成良好的集团文化认同。就集团校与外部系统的关系而言，集团发展对家庭、社区、博物馆、科技馆以及社会上其他教育形式等存在社会依赖性。集团校虽然在培养人才方面承担主要的和重大的责任，但其育人功能是有限的，存在边界的，学校育人功能的发挥受到以上诸多因素的限制和影响，而且其中许多因素是集团校无法控制的。这就需要我们培养一种"大教育"的生态观，因为集团校的发展融合了家庭、社区或社会等多元因素的参与。

四、结语

教育要实现现代化的关键是要实现人的现代化，人的现代化的核心是实现人的素质的现代化，人的素质的现代化需要依靠现代化的教育体系来实现。聚焦4E价值维度，有助于推进学校现代化标准和评价体系的制定，从而将教育现代化这一宏观战略目标具体化、微观化，使其更具可操作性。4E价值维度的探索也有助于推动集团内部治理体系的建设和学校制度创新，这反过来又会推动学校内部治理能力的提升，也是对当前国家教育改革与发展公平优质教育价值取向在学校层面落地的实践探索，有助于推进规范、科学的学校现代化标准体系建设。

集团化办学中知识创生与高质量发展

从 2002 年我国第一个基础教育公立学校为主体的教育集团杭州求是教育集团成立至今，基础教育集团化办学在我国已有 20 多年历程。其间，集团化办学受到"牛奶稀释""赢者通吃""同质化""缺特色"等质疑和争议，同时也存在权利让渡与学校自治力不足、优质教育资源输出单一、缺少资源造血动力机制以及合作与共享意识缺乏等问题。面向"十四五"时期建设高质量教育体系和《中国教育现代化 2035》的目标，基础教育集团化办学需要探索知识创生驱动的高质量发展模式。优质教育资源创生问题是名校集团化办学成败的关键。集团化办学不是名校优质教育资源的单向输出，而是一个优质教育资源不断创生、增殖的过程，避免集而不团的形式化和千校一面的同质化，从共享走向创生。

一、集团化办学中的合作困境

基础教育集团化办学是我国基础教育制度的改革和创新，目的是深入推进义务教育均衡发展，本质上是学校组织的改进。学校发展的"知识"是一所学校在人才培养、教师专业发展、课程及日常管理等方面的表现，外显为容易被观测的学校的标准、程序，以及师生学校生活经验。这些"知识"的产生会受学校发展的结构和制度、学校发展的文化和价值追求的影响，体现集团化办学内部的一种关系。20 多年的基础教育集团化办学，促进了优质教育资源的共享和集团学校的发展转型，但因学校知识在整合、发展和构建中的问题，造成了集团化办学的困局。

（一）知识范式异质性带来的"集而不团"

作为一种促进教育优质均衡发展的政策产物，集团化办学是一种以名校与普通校之间的合作为内核的制度设计，集团成员校之间是契约合作的关系，促进集团中名校优质资源的流动和共享，进而达到提升普通学校质量的政策设计意图。集团成立初期，集团成员校之间的校际合作更多的是一种"有形合作"，如在学校名称、校徽、建筑、学生校服等方面的统一，之后在学校运行的组织架构、制度规则、行为标准等方面进行调整，以实现集团一体化。然而，一些成员校在加入集团之前本身已经有一定的历史积淀，同时基于其地理位置和生源，学校及其教师也已形成了较稳定的身份意识、行为特征和心理认知；即使是新建校，其办学层次和水平也不能立刻获得社会认同，起步生源、所拥有的资源和环境，都会与集团中的名校存在很大差距。因此，教育集团内各校区之间虽然通过外部政府和内部集团的行动达成初步"协同"，但可能某种程度上只是打破了成员校之间的物理边界，未必能直接打破校际在社会和心理上的边界，即立刻提升学校教学水平以及教师专业发展水平，让社会认可所有成员校，让教师认可教育集团。在集团化办学中，学校间的相互认同与情感联结是集团化办学成效的关键内容，但学校间由于认知范式的异质性和冲突，容易形成"集而不团"的状况。

（二）知识输出单向性带来的"同质化"

为更好地实现集团融合，名校作为教育集团中的权威和主导，一般会采用资源共享的方式来帮助集团内薄弱学校，即由名校负责打通校际资源边界，健全共享机制，搭建共享平台，追求集团内优质资源丰富供给、高效配置、集约利用。从资源共享的内容来看，硬件资源指场馆、设施和实验室设备等，而软件资源则是指先进理念、思想、制度、方案、经验、模式和方法等，我们认为这些资源可以被理解为是知识，即有关教育活动和教育事业的知识。与之对应的则是资源共享的方式，名校一般会派出管理干部和骨干教师到成员校抓管理、抓教学，或是让成员校的干部和教师到名校来交流和培训。这种人力资源流动的背后就是"知识"资源的共享。但在实际共享过程中，资源往往是由名校向成员校单方面输送，随着集团规模的扩张，名校面临资源稀释的问题，可能影响名校教育教学质量，并引起名校教师对教育集团办学价值的不认同，降低参与集团化办学的积极性。知识的单向输出和中心—外围的权力关系，制约了集团化办学的活力和创造性，也未能充分发挥资源集聚的效力。

（三）知识建构依附性带来的"文化锁定"

对于集团成员校而言，这种被输血式的资源共享也可能会造成成员校在自身发展动力和办学活力方面的困境。一方面，学校的改进和发展需要的是其内生的持续动力，需要的是发挥其内部人员的角色和功能。而集团化办学中，其作为资源获得者的地位可能会弱化成员校自主开发资源、推进学校改进的意愿和能力，成员校在这种校际合作中处于跟随地位。另一方面，成员校及其教师和学生与名校间存在差距，让他们在自己的学校场域中去运用名校教师先进的知识，可能会产生水土不服，感受不到集团化办学对自己教育教学和专业发展的针对性作用，还增加了新的困惑，成员校教师便不再愿意积极参与名校的知识分享活动，也就不会产生新的适合成员校的知识，更不用谈文化融合和集团认同了。最终，资源的低效共享可能会导致教育集团创新乏力、集团内校际合作貌合神离，使依附型成员校陷入发展的"文化锁定"之中。

因此，如何改变合作的单方获利特征、关键组织的动力如何保障、非关键组织如何面对关键组织的优秀经验、如何校本化、学校发展的特色和多样性如何定位等问题，是集团化办学过程需要面对的重要问题。

二、集团化办学中的知识创生转向

集团化办学将不同表现及发展水平的学校联结成一种共同体,搭建了资源(知识)共享的平台,但这个共同体要获得整体的高质量发展,关键在于知识的共同创新。从共享到共创是集团化办学走出困境的必然,也是实现个体和组织层面知识创生的关键。作为一种办学组织模式的制度创新,集团化办学的成效最终要从成员校之间的相互认同和情感关联以及成员校的"生长性"上作出评判。而学校组织关系的重塑以及成员校的生长性和增值性是通过学校发展中知识创生而实现的。日本学者野中郁次郎借用波兰尼对知识的区分,关注知识如何创造,以及如何管理知识创造。他用隐性知识和显性知识交互推进所呈现出的社会化(Socialization)、外显化(Externalization)、综合化(Combination)、内在化(Internalization)四种赓续联结的状态说明知识历经个体、团队、组织三个层面最后得以创生的全过程,称之为知识创生螺旋(SECI)。

(一)关系重塑:成员校知识的综合化

大量研究表明,学校之间的网络关系和合作关系能够有力地促进知识创造和知识分享。根据建构主义组织理论,每个组织都有基于自己实际对现实的理解,要打破这种局内人视野局限,需要与其他组织或外部伙伴建立网络关系,以获取对当代知识的全面认识。社会资本理论也强调组织之间的网络关系,指出要借助这种关系利用其他组织的资源,促进组织关系中的信息交换。根据组织知识活动类型(开发和利用)和互补性(高低)两个维度,可以将组织间知识互动分为单向交流、双向交换、自主创新以及共同创新四种方式。组织关系的重塑是集团化办学中成员校之间知识的综合化过程,旨在促进知识的整合和互补。

集团化办学前,成员校处于孤立或分散的状态,每个学校只需要考虑自身的个体发展,并根据外部政策要求和内部师生情况开展自主创新,以谋求教育质量提升,这属于组织自身内部的活动,即自主创新。当以名校为主导的教育集团初步建立后,组织间产生知识互动,表现为由名校向薄弱校的单向交流,某种程度上知识创生的主体仍然单一。随着教育集团规模的扩大,成员校对教育集团所能提供的知识需求也逐渐明确,不再满足于被动接受知识的地位,成员校间知识的双向交换和互动占据主导地位,寻找适合自己的知识,相互依赖共同发展,这时知识创生的主体变为双向。

然而知识的单向交流和双向交换都停留于已有知识的利用层面。当集团化规模进一步扩大,成员校之间办学差异更加多元,以及教育深化改革背景下,要求促进学生多元发展,不论是整个教育集团,还是各成员校,利用已有的知识无法解决复杂的问题时,组织间需要开发、创造新知识,并且分工程序更加细致,专业化水平加深。这时,知识创新的潜在主体不再只是某一所学校内部或教师个体,而是需要不同成员校和教师组织间结成平等的共同体,共同创生知识。此外,校外的高校、科研院所专家,甚至社会团体、家长等也可能成为学校知识创生的主体。

(二)能力建设:成员校知识的社会化与内在化

集团化办学的目的是实现每个成员校和教师的专业发展,提升每个成员校的教育质量。因而集团化要着重提升每个组织/个体的专业知识,不论哪种知识互动方式,都不只局限于成员校内部的自主创新,而更多发生在集团内各成员校和教师组织之间,共同利用和开发知识。在集团化办学中,组织成员之间常常是通过潜移默化的方式内化共同体的制度规范,并共同进行知识创造。成员校的能力建设正是在知识社会化和内在化的过程中实现的。

那么,如何帮助成员校及教师所拥有的知识能够被交流、整合?如何促进不同组织克服心理边界,在同一目标下进行知识的共同创新?这需要教育集团不仅要关注个体专业知识的提升,还要重视成员校之间及教师之间能够共享语境与社会资本（人类存在的基础中所包含的关心、爱、协作、安心等情感性知识）。这些知识要依靠共同专业实践获得，如在集团内的共同教研中，不仅是知识的单双向交流，更需要来自不同成员校的彼此陌生的教师一起合作，共同解决问题，共同创新。因此，对教师而言，知识的共同创生意味着教师多元能力建构和社会资本的提升；对于教育集团而言，设计一种能够促进知识创生的共同实践系统，促成共同创新的氛围和机制运转，是一种集团化办学治理能力的建构和提升。

（三）价值生成：成员校知识创造的外显化

基础教育集团化办学的价值诉求不应仅仅止步于教育优质资源的均衡发展，而是走向高质量的多元共生。因此，集团化办学的实践效果如何、是否能够促进成员校合作支持的生态体系、激发办学活力实现教育现代化，离不开贯彻集团化办学全过程的评估，为办学决策和改进提供依据。

学校的发展力是集团化办学的价值诉求，以生长性和增值性为核心的学校发展也是集团化办学中成员校共同创造的外显化。单纯基于技术公平的所谓"普适性"的评估体系不能有效反馈数据背后的价值诉求和发展问题，而围绕"知识"的价值评估，能够帮助学校聚焦教育和办学规律，探索其背后的不同主体、要素的关系，进而实现自主、内涵式发展。在集团化办学中，对于不同发展阶段的学校需要不同的改进策略和干预策略，要以共同创造和知识外显化促进每个成员校的发展力提升。

三、集团化办学中知识创生的机制与路径

波兰尼按知识形态分类，提出了显性知识和隐性知识，前者是指人类拥有的，用书面文字、图标和数学公式表述了的知识，后者是可以意会但难以言说的无法立刻编码的知识。

(一) 知识创生的内在机制

就教育集团而言,从知识的层次或拥有者划分,可以有教师个体的知识、教研组/年级组或职能部门的知识、成员学校的知识,以及教育集团的知识。不论是哪一层面的知识都包括显性知识和隐性知识。因此由隐性知识→隐性知识、显性知识→显性知识、隐性知识→显性知识、显性知识→隐性知识的四种知识创生方式也会发生在不同维度,并且可能是跨维度的知识创生,使原有知识的层次得以提升、价值得以放大,在创生螺旋中成为一个具有丰富内涵和实践指导价值的知识体系。

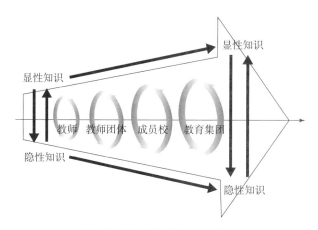

知识创生螺旋的内在机制模型

知识创生存在于集团内各成员学校、教师等不同主体之间。每个主体都可以是知识的拥有者、传递者和创造者,一方面可以将本校和教师本人的优质知识传递出去,同时又可以在接受其他学校、其他教师以及校外专家的知识过程中,弥补自己的不足,或是在与其他主体交流互动中,生成新知识,丰富自身知识体系,实现个体办学水平和教学能力的提升。另一方面,知识创生往往需要不同主体的合作,这种合作能够促进集团内成员学校及教师的心理资本,进而促进多方深层次的知识创生。同时,这种知识创生螺旋的系统也便能够吸引教育集团这一组织内更多主体的参与，在不同主体和层次的知识交流中，源源不断地创造出属于整个教育集团的知识。得益于以上更多主体参与、更多知识被创生，更多成员校和教师能力提升，这个系统能够良性、可持续运转，教育集团内部可以运行更加高效，并认同以知识为指标的成长评价体系。

因此，集团化办学背景下的知识创生，是基于集团发展的目标，聚焦集团发展的整体或某一方面的知识，将那些有利于学校和教师发展的隐性知识显性化，使之能够在被成员校借鉴，或者在潜移默化中被其他成员校及其教师认同；将显性的知识隐性化，使之转化为学校和教师本土的知识；将理论与成员校间显性化的知识进行整合，创生形成集团系统知识，促进学校和教师的内生可持续发展，最终提升集团内各成员校办学水平和教育质量。

（二）知识创生的实践路径——以集团校教师专业发展为例

知识创生是一个系统，首先需要明确知识创生的目的，这也是评估知识创生效果的依据。以此为系统构建的出发点和落脚点，搭建一个能够激发和帮助学校及教师进行知识创生的平台，一种可以解放成员共享隐性知识的"场"。构建这个"场"需要组织重构和机制重塑，以为知识创生提供制度和心理保障；同时对目标分解，为知识创生主体们提供更细致的思路、方向和内容要求。

北京一零一中教育集团现有十余所分校，为解决集团化办学中遇到的动机和活力问题，实现校际协同基础上的深度融合，围绕知识创生展开思考，初步进行了集团化办学背景下知识创生的路径设计及实践探索。

北京一零一中教育集团的发展理念是"办面向未来的生态智慧教育"，并将其作为教育集团知识创生的目标，在集团范围内进行组织机构和治理机制重建。一方面，在集团内成立学校发展中心、教师发展中心、学生发展中心、课程教学中心、国际教育中心和后勤保障中心，实现扁平化矩阵型行政架构；另一方面，推进管理机制、教师培训、学生培养、师资调配、教学评价、资源配置的"六个一体化"运行机制建设,共同作用实现集团内成员校和教师间的协同与共享,进而为不同主体开展不同类型的知识创生提供实践可能和制度保障。

依据知识转化的方向,可以将学校中的知识创生方式划分为四种类型:"隐性知识→隐性知识"的转化是一种师徒型知识创生方式,"显性知识→显性知识"的转化是一种传授型知识创生方式,"隐性知识→显性知识"的转化是一种科研型知识创生方式,"显性知识→隐性知识"的转化是一种实践型知识创生方式。

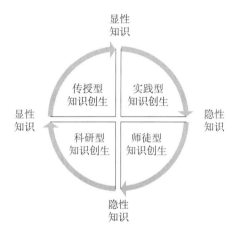

集团化办学中知识创生方式

1. 社会化:师徒型知识创生模式

社会化是共享经验从而创造隐性知识的过程,如共有心智模式和专业技能。徒弟和师父一起工作、学手艺,不是凭借语言,而是通过观察、模仿和实践。野中郁次郎认为,经验是获取隐性知识的关键。

学校中发生的知识社会化也是一种较为传统的知识传递方式,多见于"老教师"和新教师结成的师徒关系中。徒弟通过观察、模仿和实践,学习师父的教育教学理念及策略,其效果和效率较难评价。但在集团内师资调配和教师培训的一体化机制下,师资流动为成员校的干部和教师提供了更多跟随名校名师学习的机会,可能会在潜移默化中影响教师,进而改变课堂、改变学校。

对于新办学校和青年教师而言，他们缺乏经验，已有的知识体系相对简单，师徒结对（跟岗学习）是一种快速融入学校、塑造自己知识体系的方式。但对于已积累大量实践经验、形成自己完整知识体系的"老校"和"老教师"而言，师徒之间可能因知识差异而产生"冲突"，制度约束下的师徒不得不进行磨合，在交流中可能会激发双方将各自的隐性知识社会化，在碰撞中丰富、校正各自的知识体系，对于名校名师而言也会产生知识反哺。因此这种知识创生方式虽然传统，但包含着单向交流、双向交换，甚至共同创新的知识互动，不可替代。

2. 综合化：传授型知识创生模式

综合化是将各种概念系统化为知识体系的过程。不同的个体通过各种媒介来交换和组合不同的显性知识，并对其进行整理、增添、组合和分类，重新配置既有信息，由此催生新知识。这是综合化模式的价值所在。

学校里的正规教育和培训中进行的知识创造通常采用这种形式。一所学校或教师都可以作为显性知识的主体，向他人传授知识，或是从其他主体那里获得显性知识，创生新的显性知识及知识体系。

集团化办学背景下名校和各成员校之间的传授型知识创生模式，主要体现在集团的发展愿景和各成员校的办学目标，以及实现愿景和目标的相关机制、策略等显性知识的相互传递上。一方面，通过集团校管理和评价的一体化，让集团名校的治理机制、管理策略等显性知识直接传授给集团内所有成员校，帮助实现成员校间协同发展；另一方面，各成员校也将自己办学的显性知识传递给其他成员校和教育集团层面，被整合和系统化为整个教育集团的知识，创生新的集团化办学的显性知识。就教师层面而言，传授型知识创生应理解为"互授"，不仅校外专家、名校教研组、教师等优秀知识拥有者并展讲座和培训，引领其他教师创生新知识，而且强调为所有教师提供传递自己显性知识的平台。

北京一零一中教育集团每年举办的教育教学年会，即是给集团内各成员校及其教师提供平等展示的机会，管理者和教师们围绕某一主题展开不同角度的分享和讨论，这是传授型知识创生模式的具体实践形式。

北京一零一中教育集团教育教学年会

3. 外显化：科研型知识创生模式

外显化是将隐性知识表述为显性概念的过程。可以通过对话或集体反思引发，在全部四种知识创生模式中，外显化可以说是打开知识创生之门的一把钥匙。而如何将隐性知识引出，需要领导者有丰富的比喻性语言和想象力。

在哈格里夫斯看来，集团化办学绝不仅仅是将几所学校合并那么简单。要建立学校之间"和谐的家庭组织"，首先应从"专业发展能力"维度入手。而专业发展能力的核心是"共同的实践性发展"，即在学校之间建立基于课堂、基于教师合作的专业发展项目，通过教师的相互指导与教师的自主研究，促进教师共同的专业发展。共同的实践性发展就是共同的教研制度，应成为集团化办学的首要切入点。

我们在研究中，借助教育科学研究方法，将难以表达的困惑以问题的形式显现出来，将隐藏在大量实践案例背后的有效做法提炼出来，透过量与质的变化分析出变革的可行性和效果，都是将隐性知识显性化。可以说，科研是知识创生的重要方式。当然，就中小学而言，无论是学校管理者还是普通教师，相对缺乏开展严谨教育科学研究的精力和能力，因此引入高校科研院所的专家，让多元主体参与知识创生过程，不仅能帮助学校和教师在对话、讨论、观察和分享中提炼宝贵的经验，并且能够增强知识创生过程和结果的信度和效度。

北京一零一中教育集团一方面组织教师积极参与各级各类课题研究，包括校级课题，培养教师发现问题、解决问题、创生知识的意识和能力；另一方面与高校、科研院所合作，为科研专家设置日常办公点，方便指导学校和教师的课题研究，实现教育理论与教育实践的无缝对接。

4. 内隐化：实践型知识创生模式

内隐化是将显性知识体现到隐性知识里的过程。当通过社会化、外显化和综合化获得的知识，以共享心智模式或技术诀窍的形式被内化到个体的隐性知识库中时，它们就变成了有价值的资产。通过实践将显性知识隐性化，不仅是一种知识创生方式，也是知识创生的目的和新起点。

"做中学"就是一种内隐化。同时，通过扩大组织内多数成员体验的范围，也能够让显性知识成为隐性知识，进而成为组织文化的一部分。

就集团化办学而言，如何加深成员校的彼此认同，实现文化的融合，需要让多数人共同体验某种实践，并及时共享。不论是集团外部专家的理论知识，还是名校名师理论化了的显性知识，只有通过实践让个体去体验、感受和内化，成为个体隐性知识体系中的一部分，才能实现知识创生的价值。

如北京一零一中教育集团在集团范围内开展常态课展示与实践活动，探索体现生态智慧理念的高效课堂教学模式。在此过程中，有关课堂教学的理性知识通过集体实践，以及有意识地结合自身实际的加工，被内隐化到各成员校和教师心智模式之中，实现成员校之间的融合与认同。此外，全校教师共读一本书撰写读后感，参加高校和科研院所专家的教改项目等,也都会增强教师体验的范围和深度。

这种实践型知识创生也为更高组织层面进行其他类型的知识创生奠定了基础。知识创生没有终点,而是在持续的螺旋上升中创生出更多有关教育集团发展、质量提升、教师成长的知识,实现集体行动的良性循环。

基础教育集团化办学中,往往会随着教育集团规模的扩大而产生集体行动的困境,影响集团成员校和教师进行深度融合的动力和活力。在集团内各个层面各种类型组织中进行知识创生,能为集体行动提供一致行动的方向和内容。

集团化办学中学校管理变革与创新

一、变革动因分析

"减轻学生课业负担是关系到培养什么样的人，怎样培养人的问题。"长期以来，基础教育阶段过重的校内外课业负担严重妨碍了中小学生的身心健康成长，许多学校为了应付考试，让学生大搞题海战术，重复机械的刷题式作业不仅给学生带来沉重学习负担，大大降低学生学习的兴趣和学习积极性，而且从长远来看，还严重影响到国家创新人才的培养。

"双减"政策对学校传统的管理体制提出了新的要求和挑战。随着政策落地，那些原本由教育培训机构承担的教育需求，相应地转回给学校完成。课堂作为培养学生的主阵地，在学生的成长与发展过程中发挥着责无旁贷的作用。"双减"政策要求全面压减作业总量和作业的时长，如何在减轻学生过重作业负担的同时保证学生学习效果不减反增，如何保证教育质量不断提升，这就对学校课程和作业设计的质量提出了更高要求。随着"双减"政策的实施，学生每天放学后，学校会增加约两小时的课后服务时间。这种情况下，一方面要求供给多元化课后服务课程，满足学生个性化发展需求；另一方面也势必造成师资力量的短缺和教师工作量加大。如何在保障教师员工合法权益的同时，激发教师工作积极性，这对学校管理提出了巨大的挑战。

随着国家出台政策重拳治理校外培训机构，义务教育的公共属性得到有效捍卫，国家将教育的主导权还给学校，强化了学校育人的主体地位，让基础教育不忘立德树人的初心和使命，回归教育本质，提高育人品质,促进教育资源优质均衡发展。学校保障学生能够有充足的睡眠,保障学生对自己的生活有更多的自主支配权,使每一个孩子拥有一个健康快乐的童年。

二、管理模式创新

北京一零一中学集团化办学的共同愿景是致力于建设中国特色国际一流的基础教育名校,想要实现这个目标,需要依靠"六个一流"。

第一是"一流的教育理念"。作为教育者,要清晰育人的目标就是培养健康善良的生命、活泼智慧的头脑、丰富高贵的灵魂。为了实现这个目标,教师必须要关注学校环境、育人环境、管理环境,构建一个良好的教育生态,然后去关注学生的生命、生活、生长。

第二是"一流的教师队伍"。教师团队要有家国情怀的担当文化,追求卓越的进取文化、师生共赢的发展文化、扎实干事的实干文化、跨界融合的文化,这些都是北京一零一中多年来的传承,也是未来要坚守的底线。如果没有教师的发展,学校和学生的发展都会受限甚至停滞,因此,教师队伍的建设要求不能放低更不能放下。

第三是"一流的管理水平"。普通教师是班级的管理者,中层干部是学校的管理者,每个岗位都是一个管理岗位,重要的不是职位高低,而是每个人在岗位上的作为,因此做教育也需要"工匠精神"。教师的工匠精神就是静心细致地打磨自己的基本功,这些东西是永远不变的,且在未来是机器也难以替代的部分。

第四是"一流的环境设施"。学校每一处都应该是学习的空间,因此应该建设以人为本、资源共享的智慧校园,不求所有,但求所用。未来要制定统一的信息化技术标准,根据标准首先打造本部校区未来学校群落式生态圈,然后进行模式输出打造集团校其他分校,实现集团内部的资源共享,形成线上和线下有机融合的教学生态。

第五是"一流的课程教学"。我们现在把课程划分为三个层面:基础层面、扩展层面、拔尖层面。基础层面即八大领域的基础课程,主要是培养学生自主发展与实践参与能力。中间拓展能力则聚焦于社会教育，培养学生的文化基础与实践能力。拔尖层面主要是培养学生创意、创造、创业能力。只有这样课程的架构才是真正意义上从教为中心转向以学生的学为中心。

第六是"一流的教育质量"。除了显性的考试成绩，最重要的是要做有温度的教育，用英语表示为 LOVE，即 Listen（倾听），Obligate（感恩），Value（尊重）与 Excuse（宽容），使学生通过学习学会倾听、懂得感恩、互相尊重、宽容理解。同时，最好的教育既要关注当下又要关注未来，通过学习促使学生形成面向未来发展的能力、认知与创新的能力，进而实现真正意义上的高质量升学，打造更高质量的智慧课堂。

为了打造"六个一流"，我们必须敢于破除集团原先秉持的自上而下的管理方式，减少管理层次，增加管理幅度，建立一种紧凑的横向组织形式，使组织变得灵活、敏捷，富有柔性、创造性，集团校从自上而下的管理到多元治理的转变，对治理架构做重大调整，实现了集团的扁平化管理改革。

扁平化管理是为提高企业效率而建立起来的富有弹性的新型管理模式。扁平化理论最初应用于企业运作管理中，即由纵向转为横向发展，改变原有的自上而下多层次的管理，向精简化、高效化、灵活性发展，它强调系统、管理层次的简化、管理幅度的增加与分权。扁平化组织一般指以项目为基础而建立的横向组织架构，分为矩阵型、团队型、网络型。

为更好地落实"双减"政策，北京一零一中以生态智慧教育理念为指引，转变管理方式，提升学生发展品质，进一步提高办学质量。北京一零一中以现代学校集团化管理制度为抓手，改变原有组织机构、优化集团组织架构，设立六大行政管理部门，即学校发展中心、教师发展中心、学生发展中心、课程教学中心、国际教育中心和后勤保障中心，全方位管理学校各方面的事务（见表1）。

表1　北京一零一中教育集团矩阵式组织结构

校长书记		学校发展中心	教师发展中心	学生发展中心	课程教学中心	国际教育中心	后勤保障中心
圆明园校区	上地校区	集团办公室	教育科研部	学生处	教学处	合作办学部	总务处
双榆树校区	温泉校区	学校办公室	教师培训部	特色发展处	教务处	国际交流部	保卫处
怀柔校区	实验小学	发展规划处	学术委员会	团委学生会	课程处		
石油分校	矿大分校			生涯指导处	英才学院		
石油附小	大兴校区				资源中心		
实验幼儿园	……						

从北京一零一中教育集团矩阵式组织结构可以看出，学校采用扁平化矩阵型管理模式，一方面将管理层压缩到了两层，即六大中心与职能层，扩大了管理幅度；另一方面实施自上而下的垂直管理，并配以完成专门任务的横向系统。一纵一横形成了交叉、双向的管理矩阵。

从纵向看，学校发展中心下设集团办公室、学校办公室和发展规划处，负责集团校的横向和纵向发展事宜；教师发展中心负责教师的继续教育、科研及学术发展等工作，下设教育科研和教师培训两个部门以及一个去行政化的学术团体，即学术委员会；学生发展中心下设学生处、特色发展处、团委学生会和生涯指导处，负责学生的生涯规划和健康成长咨询、服务等工作；课程教学中心下设教学处、课程处、英才学院以及资源中心，负责课程教学、课程开发、资源开发等相关事宜；国际教育中心下设合作办学和国际交流两部门，负责学校国际化方面的发展；后勤保障中心下设总务处和保卫处，负责物资调配和安保工作。六大中心各设一名主管副校长，每周通过集团校行政会向校长和书记汇报中心已开展和即将开展的工作，商讨集团规划和未来发展布局。

从横向看，各分校区的六大中心分别由集团总校，即圆明园校区（原北京一零一中）的六大中心统领，以总校六大中心的主管副校长牵头开展工作，实现优质教育资源从历史更为悠久、文化底蕴更为浓厚的总校向基础相对薄弱的分校区辐射，同时也促进各校区之间的资源共享与共建，推动集团内文化的认同。

三、管理变革实践

自"双减"政策实施以来，教育集团作为落实"双减"政策的主体单位之一，在集团化办学实践中不断探索减负增效途径，北京一零一中教育集团在以下几个方面进行了学校管理变革实践的有效尝试。

（一）教育集团的文化建构与重塑

自 2019 年 5 月正式实施集团化办学以来，北京一零一中教育集团已发展为海淀区最大的教育集团，现有本部及分校共 16 址，此外还包含纳入集团管理的两所地处四川的民族中学，教育集团办学规模涵盖 K12 学段，学生人数超过一万，教职员工人数超过一千。

随着集团规模的扩大，那种把集团校中优质校的校徽、校训、理念等元素移植给集团其他成员，而忽略成员校各自原有历史背景和文化特色的做法，并不能真正有效建构与重塑集团文化，集团校成员一起寻找方向、重塑愿景，建立起的价值自信、建构的价值认同等成为集团文化的核心。

北京一零一中教育集团确定的办学目标是把教育集团发展成为"中国特色、国际一流的基础教育名校"。为了实现这一愿景，集团确定了"面向未来的生态智慧教育"这一核心理念，即育人的目标是孕育健康善良的生命，活泼智慧的头脑，丰富高贵的灵魂。生态智慧教育理念成为各校区的共同价值观。"生态"强调尊重生命、尊重个人成长规律、尊重教育规律；"智慧"作为一种教育手段，核心在于利用人工智能等先进技术实现对教学的精准支持。为了贯彻这一理念，教师必须要关注学校环境、育人环境、管理环境，通过构建良好的教育生态去关注学生的生命、生活、生长。

在集团化办学中，北京一零一中教育集团扎根中国大地办教育，以培养卓越担当人才为己任，以生态智慧教育理念为指导，培养创新拔尖人才，努力办好人民满意的教育。其办学宗旨和办学理念从根本上契合"双减"政策要求，集团校通过开发和利用优质教育资源，做好课程体系供给侧改革，为广大学生提供各种课后服务，推动教育资源均衡发展，促进教育公平。

丰富多彩的课后服务课程

（二）课程教学管理变革实践

课程教学是人才培养的重要途径，北京一零一中教育集团以卓越担当人才培养和自我教育理念为核心要素，加强校本课程的体系化建构，并积极开发校本精品课程，搭建了指向学校未来课程体系的"三层八域"课程结构（见表2），形成的"卓越担当"课程体系，专门针对四大书院（即圆明书院、学森书院、六韬书院和云翥书院）开发了特色课程体系。集团坚持立德树人、五育并举、全面发展的育人理念，

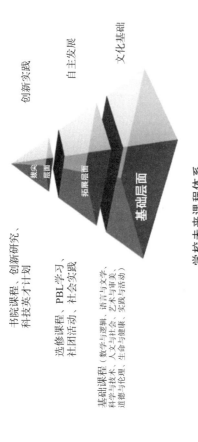

书院课程、创新研究、科技英才计划

选修课程、PBL学习、社团活动、社会实践

基础课程（数学与逻辑、人文与社会、语言与文学、科学与技术、艺术与审美、生命与健康、道德与伦理、实践与活动）

尖端层面　创新实践
拓展层面　自主发展
基础层面　文化基础

学校未来课程体系

表2 "三层八域"课程结构

领域	数学与逻辑			语言与文学			科学与技术				人文与社会			
系列	数学与统计科学	逻辑与思维科学	网络与信息科学	汉语与传统文化	外语与多元文化	写作与文学艺术	物理与空间科学	化学与生命科学	环境与地球科学	技术与工程科学	哲学与宗教信仰	历史与民族精神	政治与社会管理	经济与金融科学

领域	艺术与审美					道德与伦理					生命与健康				实践与劳动			
系列	美学与艺术修养	美术与美术鉴赏	音乐与音乐鉴赏	戏剧与表演艺术	装饰与服饰艺术	礼仪与人际交往	人格与公民素养	道德与社会伦理	信仰与理想信念	情怀与家国天下	职业与生涯规划	体育与休闲健身	情感与心理健康	饮食与医疗卫生	拓展与社团活动	体验与社区服务	研学与社会实践	探索与科技创新

创立了聚焦拔尖创新人才培养的英才学院、聚焦综合素养提升的翔宇学院、聚焦全球创新人才培养的GITD学院，推行"年级+书院"经纬式管理，实行分层、分类选课走班的学分制教学管理，重视发掘学生潜能，鼓励他们主动探索、动手实践，把求索与创新的元素融进学生的灵魂。

教育集团课程教学管理变革实践主要包括以下三个方面：

第一，构建高质量课堂教学体系，提升教学质量。"课堂是教师教学与学生学习的主阵地，在学校层面的减负必须要抓住课堂，而唯一实现途径便是增效。"课堂教学是提升学校教育质量的主渠道，关键在于构建高质量的课堂教学体系。"双减"政策的落实不能简单依靠减少学生的作业数量，而需要努力提升学校常态课堂质量和效率，向课堂40分钟要质量。如果课堂上已经让学生吃足了该掌握的知识，一方面，作为"加餐"的课外作业就失去了必要性，另一方面，可以减少学生对课外培训机构的依赖，从而减少学生课后学习任务，这是一种内涵式减负增效的有效途径，是教育本真的回归。为此，教育集团根据教育部"新课程，新教材"与"双减"政策的要求，本着以学为本的教学原则，在充分尊重常态课课堂教学规律的基础上，制定了常态课课堂质量提升与展示的评价量表，从教学目标、教学情境、教学内容、教学活动、教学方法、教学语言、教学技能、教学板书、教学特色与反思等九个方面对集团内各个学科教师的常态课进行评价。

当前，集团内各个校区紧扣常态课要求开展的"磨课""赛课"已蔚然成风。北部某校区为了落实"双减"工作，提高常态课课堂教学成效，英语教研组在北师大高中英语教材主编王蔷教授的指导下，通过集体磨课、课前打磨教学设计，深化对新课标的理解，通过常态课展示、专家点评与建议等方式提升常态课教学质量，实现课堂质量内涵式提高，让普通学生能够"吃饱"，让中等偏上的学生"吃好"，让优秀的学生"吃得有营养"。某分校区也举办了"国培计划"中小学英语省级卓越教师工作坊和海淀区北部研修中心初中英语主题教学研讨活动，通过这些活动提高课堂效率，提升学生的学科核心素养，把要求学生在课下完成的作业尽可能在课堂完成，或在延时服务时段完成，从而减轻学生的课外负担。

第二，探索科学化课后作业管理模式，减轻作业负担。推进学科作业管理实施的科学化、规范化是实现减负增效最直接的途径。

在学科作业设计方面，教育集团成立了学习科学研究所，集团内教师聚焦美国斯坦福大学教育学院丹尼尔·施瓦茨教授的《科学学习：斯坦福黄金学习法则》相关科学学习理论，从学习动力、获得新知、记忆和解决实际问题四个方面，探讨原理是什么、如何促进学习、能产生什么效果、容易出现的问题、使用的范例等。集团在此基础上还与北京大学心理与认知科学学院合作，以科学学习理论为指导，全员参与研究各个学科作业的设计。各教研组编写了各学科相应的《科学学习手册》作为学习宝典，学科教师不再使用其他课外辅导资料。以思想政治学科为例（见表3），每一课时包括让学生打牢基础的学习清单，让学生形成个体知识谱系的思维导图，让学生巩固知识的分类分层式经典试题，这些经典试题同时包含基础训练试题、素养提升试题以及利用学科阅读方法编写的阅读思考类练习。不同程度的学生可以根据个体的学习情况选择不同类型的练习题，教师也可以根据不同学生的学习能力调整和布置不同类型的作业，给学生更具有针对性的练习和指导。

表3　高中思政学科《科学学习手册》内容示例

项目清单	主要内容
课程标准	以"为什么要坚持两个毫不动摇"为议题，探究我国社会主义基本经济制度的优越性
学习目标	1. 了解公有制经济的地位和作用、以公有制为主体的必然性、公有制主体地位的体现； 2. 理解非公有制经济的主要形式、地位、作用； 3. 理解公有制经济与非公有制经济的关系、多种所有制经济共同发展的意义； 4. 从发展壮大国有经济和农村集体经济两个方面，阐述如何巩固和发展公有制经济； 5. 了解鼓励、支持、引导非公有制经济发展的途径和要求

续表

项目清单	主要内容
课前预习	以填空为主： 1. 生产资料所有制的地位； 2. 公有制为主体多种所有制经济共同发展； 3. 坚持"两个毫不动摇"
课堂学习	任务1，任务2，……
课后复习	知识体系、习题练习、基础知识巩固＋高考题组

在作业管理方面，学校制定了作业校内公示制度，力求让大部分学生在晚上九点半之前完成作业。学校通过三个渠道有效控制作业总量：一是班干部每天记录作业总量，在班级小黑板、年级公告板上公示，各班互相监督；二是班主任教师监控、协调作业总量，学校教学干部每天巡查、监控；三是面向学生和家长开通减负热线，接受来电咨询与反馈。同时，进一步丰富作业形式，从书面作业扩展到动手类、分层类、选做类作业，集团让作业变得更加生动立体、有质有趣有弹性的同时克服机械性、重复性问题。

第三，供给多元化课后服务课程，满足学生个性化发展需求。推进"五育并举"落地落实是教育集团推进"双减"工作在课程管理方面的又一重要举措。各校区从需求出发，关注学生差异及实际困难，开设丰富的课后服务课程，吸引学生爱上校园、满足多样化需求；加强课后服务内容设计，加强体育、美育和劳动教育。集团校充分利用英才学院和翔宇学院平台，共享集团内各校区优质资源。

本部校区根据学生的课后服务需求，提供多种课后服务课程和活动。如：阅读课、中外优秀影视片观赏等特色课程；开展学生社团活动、兴趣小组、科艺体拓展等活动；实施学业辅导，帮扶各学科学习困难的学生，帮助指导学有余力的学生进行自主合作式的学业拓展；推进科艺体等全面均衡发展的兴趣类课程。通过校本系列课程、集团供给资源以及私人定制指导等多渠道课程资源，课后服务变得具有丰富性、可选性，满足学生兴趣与能力发展的需求。

"双减"政策的落实激发了校园活力,给广大师生腾出了更多时间和空间,促进了学校教育模式的创新。某分校区地处清代著名词人纳兰性德的故居桑榆墅旧地,该校区结合自己独特的校园文化,开创"家校社"联动育人模式,举办了中国首场纳兰文化大型校园文艺演出,并上演大型原创校园舞台剧《初见纳兰》。舞台剧由该分校区师生共同参与剧本创作、排练与演出,活动不仅传承与弘扬了中华优秀传统文化,而且为学生提供了多元发展空间。学生们为演好舞台剧,一改往日被动学习的状态,学习热情高涨,主动进行跨学科学习,搜集相关材料。这场活动不仅激发了学生的学习兴趣,而且满足了学生个性化发展需求。此外,该分校区近年来还多次开展"纳兰诗会"活动,通过诗词将纳兰的故事串联起来,融合进舞龙、舞狮、中国鼓、武术等传统文化所具有的综合性、应用性、创新性、情景化和就地化的特色内容。这些活动拓宽了学生的视野,唤醒了学生的灵魂,超越功利,指向学生的终身发展,使学生们在减负后找到了提升综合素养的新途径。

舞台剧《初见纳兰》剧照

(三) 督导评价体系变革

"双减"政策的落实也对教育评价管理变革提供了新的契机并提出

了新的要求。2020年10月中共中央、国务院印发了《深化新时代教育评价改革总体方案》，重点任务包括："改革党委和政府教育工作评价，推进科学履行职责；改革学校评价，推进落实立德树人根本任务；改革教师评价，推进践行教书育人使命；改革学生评价，促进德智体美劳全面发展；改革用人评价，共同营造教育发展良好环境"。方案的出台扭转了教育发展方向，实现教师唯分数论的超越。

教育评价就像指挥棒，引领学校的办学方向，具有导向性作用。要想打破"扎扎实实"的应试教育，让"轰轰烈烈"的"双减"政策落到实处，就应该改变应试教育的价值取向和实践逻辑。教育集团作为实施教育教学的主体部门，在贯彻落实国家"双减"政策，切实减少学生过重课业负担的同时，努力提升学生的学习与生活质量。除了教育行政部门建立减负增效的督导评价制度，学校也根据实际情况建立和优化集团内部的自我督导体系，把减负督导工作纳入集团校整体发展规划和学校的教学改革中，把减负作为学校的一项常态工作来抓，提升集团的治理效能。

北京一零一中教育集团的自我督导体系包括教师教学督导、学生学习过程督导和教学管理督导，其内容分别包括对教学全过程进行监督、指导，覆盖备课、课堂教学、作业批改、不定期教学进度检查等。对学生学习活动过程进行多方位督导，包括检查、评价学生学习自觉性、学习方法、学习效果等德智体诸方面的综合素质等；对学校的教学管理进行督促评价，包括教学管理队伍建设、教学运行管理规范、教学质量管理规范等。学生发展中心和课程教学中心在后两项督导工作中发挥了重要作用。通过教育行政部门自上而下和学校内部自下而上的综合督导评价变革，"双减"政策在北京一零一中教育集团有效落地落实。在减轻学生学业负担的同时，不但没有降低学生学习的质量，反而还增强学生的学习效果，促进学生全面发展。为提升督导评价质量，北京一零一中教育集团在督导评价的技术支持上也做了积极的实践探索，改变了过去那种单纯依靠经验收集分析和处理督导评价信息的做法，学校通过智慧校园建设，应用现代信息技术手段开展督导评价检测，强化过程性评价，提高评价的客观性和专业性。监督与指导并重，为学校的减负增效提供科学依据和现实指导。

四、成效与反思

党和国家作为"双减"政策的制定者、引领者和监督实施者，在尊重基础教育阶段青少年学生身心成长规律的基础上，提出的"双减"政策是经得起时间和实践检验的，也符合立德树人这一教育根本任务的要求。

集团以管理变革探索"双减"政策落实的实践路径，有助于在集团校层面落实党和国家"双减"政策，形成符合基础教育阶段学生年龄特点和学习规律的学校管理案例，为全国"双减"工作提供经验。

北京一零一中教育集团的战略定位和目标是通过不断创新的工作机制和科学的组织管理架构来实现的。从行政管理到多元治理，凸显了"双减"背景下集团化办学中管理变革内涵上的变化。通过学校管理各方面的变革，学校一方面落实"双减"政策，减轻了学生的课业负担，把更多的时间还给了学生，把学习的主导权还给了学生；另一方面实现了集团校高质量发展，推进了集团校之间优质教育资源公平发展，践行了二十大报告所提出的"办好人民满意的教育"。

"双减"工作是一项系统工程，在落实减负增效过程中，学校还需要不断创新管理机制。如：探索建立高质量的家校沟通机制，在减轻学生负担的同时也不加重教师的工作负担，统筹和衔接课前课后延伸、延时、纵深服务与联动，探索集团内优质服务属性下的交流轮岗管理，增强学生的获得感，总结体育、美育、劳动教育的经典做法以及信息化背景下学生的学习问题诊断、学生的需求分析……以学生的需求侧拉动课程供给侧改革，从而激发学生内在的学习潜能。在"双减"工作中，各校区还需要基于集团和校区资源，系统设计、统筹推进，形成可资借鉴的管理经验，在基础教育领域发挥示范引领作用。

集团化办学中和合共生与文化认同

成功的集团文化认同建构不仅能够影响全体师生的思想和行为，而且对整个教育集团的成员校具有很强的凝聚力和感召力。北京一零一中自2019年5月实施集团化办学以来，已迅速发展成涵盖幼儿园、小学、初中、高中和国际学校全段，拥有16个校区的教育集团。集团在扩大规模的同时，优质学校的理念、师资、资源和管理得以输出，多种办学类型和办学模式推动了优质教育资源的公平均衡发展。但我们在集团化办学过程中也面临一些新的问题和挑战：集团化办学如何做到大而不散，形神合一？品牌校在输送优质资源的同时，如何保持向上生长的能力？在教师流动、文化输出中，如何保持集团内文化的统一性？为了应对这些新挑战，北京一零一中教育集团在推进集团化办学过程中，以集团文化认同的建构影响全体师生的思想和行为，由此塑造整个教育集团成员校的凝聚力。

学校文化的引领在教育集团形成凝聚力的过程中至关重要。文化的凝聚力即"ACT文化"，"A"是尊重和信赖（Are respectful and trustworthy），"C"是相互关心（Care about each other），"T"是承担责任（Take responsibility）。

"尊重信赖"是一个人有教养的重要体现，要顾及他人的感受，懂得换位思考，才能赢得别人的信任和支持。信赖和信任不完全一样，信任未必是值得依靠，信赖是非常信任并且值得依靠。

尊重信赖建立在彼此相互了解、相互在意的基础上，所以在这个过程中就要相互关心。北京一零一中教育集团就是一个温暖的大家庭，16个校区都在发展中相互关心、共同成长。

"承担责任"是主动争取做得更多，承担得更多，因为每个人都是为荣誉工作。履行责任，让努力成为一种习惯，在捍卫学校荣誉的同时，也树立自己的荣誉，一个充满责任感的人才有机会充分地展示自己的能力，获得大家的尊重。责任其实就是利己和利他的问题，利己也利他，我们才能够有资格成为优秀团队的一员。

一、文化认同是集团化办学的重要课题

（一）学校不仅是一种组织存在更是一种文化存在

北京一零一中不仅是文化知识传承与创新的基础教育名校，也是道义和理想培育的场域。北京一零一中的文化是由学校全体师生在75年的办学历史中共同创造、传承并享受其中的各种文化形态的总和。从这种意义上讲，北京一零一中不仅是一种组织存在，也是一种文化存在。

一个组织的文化通常通过价值取向、占主导地位的领导风格、语言和符号、日常程序和对成功的定义等来体现这个组织的特性。北京一零一中的文化不仅包括学校的办学理念，而且包括全校师生的价值观念、信仰体系、思维方式、行为准则和做事风格。无论是观念形态的学校文化还是物质形态的学校文化，都对生活其中的师生的身心健康具有促进、导向、规范和引导作用。对外而言，学校文化在集团化办学过程中和校际竞争中的作用也越来越突出。

我们将北京一零一中的文化划分为器物、制度、价值观三个层面。器物是文化的物质载体，主要包括集团校的标识物，如校徽、校服、特色文创作品等。制度是文化的规则载体，是文化在制度安排层面的体现，同时也影响集团校文化认同和集团共同体的建构。价值观是文化的精神内核，具体分为学校、教师、学生、课程四个层面。

我们也可以将北京一零一中的文化概括为"三色文化"，即红色文化、绿色文化和金色辉煌。红色文化是指以家国情怀、大义担当、大气包容、和谐民主、追求卓越为特征的红色历史文化基因。绿色文化

主要是以生态智慧课堂为主体的课程育人文化。金色辉煌主要是以责任自律、求实大气、积极进取为特征的教师文化，与以责任担当、多元自主、求索创新为特征的学生文化共同创造的辉煌的办学成绩。

（二）建构学校文化认同的基本理路

全体师生是学校文化创建的主体，他们对学校文化的认同不仅能够促进集团教育目标的实现，而且能够减少集团内部治理的阻力，促进集团的健康成长。北京一零一中在集团化办学过程中提出或倡导何种文化或价值观念固然很重要，但更重要的是各个集团校成员是否真正认同集团所倡导的文化。

有学者将教育哲学的认同、办学目标的认同、文化标识的认同、课程教学模式的认同以及行为方式的认同等五个方面作为文化认同的主要内容。也有学者按照"认同"的逻辑过程将"认同"分解为"认知—认可—情感—信仰—践行"五个层次。在此基础上我们将集团文化认同分为身份认同、制度认同、价值认同和发展认同。

认同不仅是一种状态，也是一个过程。随着集团的发展以及成员校自己的成长，成员校对集团的认同可能发生变化。身份认同是作为集团成员的归属感、荣誉感的体认；制度认同是集团成员对这一制度安排及其执行情况的体认和评价；价值观是文化的精神内核，集团价值认同就是对教育集团倡导的价值观的认同；最后是发展认同，属于文化认同的期待、信心的范畴，反映集团成员对集团文化的满意度，以及"以身相许、投身奋斗"的意愿强烈程度，关系到集团的发展动力、未来走向。

二、集团化办学背景下建构学校文化认同的实践路径

根据上述学校文化认同的探讨，北京一零一中教育集团分别从身份认同、制度认同、价值认同、发展认同以及细节管理等五个方面探索建构学校文化认同的具体策略。

（一）各美其美、美美与共，建构身份认同

身份认同建构分内外两个层面，解决的是整个集团关于"我是谁"的心理归属问题。北京一零一中教育集团的成立只是集团成员身份认同外在层面的开始，但集团要真正实现融合，不仅是指组织上的融合，更重要的是文化上的融合，也就是集团身份认同的真正建构。在集团文化身份建构过程中，我们一方面广泛宣传整个集团的主流文化，同时遵循文化认同发展规律，不是以集团校中优质校的文化取代其他集团校的文化，而是在尊重各个校区文化传统与办学特色的基础上，实现"各美其美，美美与共"的理想，各个集团校既保留自己原有的特色文化，也认同集团校的共同文化。我们坚持在把北京一零一中原有的文化理念中"百尺竿头，更进一步""守正出新""卓越担当""勤学善思，明理求新""国际视野，家国情怀"等精神文化元素扩展到整个集团的同时，各集团校仍要保留原有的特色文化，并将其文化融入集团文化中。例如：矿大分校原有的特色文化"铁人王进喜精神"在得到保留的同时，也被接纳并融入整个集团文化。

（二）搭建扁平化矩阵型行政架构，建构制度认同

集团化办学的成功需要我们建立完善的制度保障体系，认真解决好制度认同问题。为此，北京一零一中教育集团制定了集团总章程来规范集团的运行，成立了学校发展中心、教师发展中心、学生发展中心、课程教学中心、国际教育中心和后勤保障中心共六大中心，采用典型的扁平化矩阵型行政架构模式，同时成立学术委员会来促进集团学术建设和引领教师专业发展。这样的制度设置使集团的行政管理层级减少至两层。在减少层级的同时我们还增加了管理幅度，按照"淡化职位轻身份、强化岗位重实绩"的要求，纵向建成一个自上而下的垂直管理系统，横向建成一个为完成专门任务而出现的横向系统。这个纵横交织的行政架构系统就组成了一个矩阵，形成了一种交叉、双向的管理模式。这种行政架构设计使得整个集团组织变得灵活、敏捷，

富有柔性和创造性,有利于发挥下级的自主性和创造性,提升集团运行效率。这一过程有力地促进了集团成员的制度认同。

(三) 提炼精神内核,确立共同愿景,建构价值认同

先进的文化引领是建构价值认同的灵魂,能够保证北京一零一中在集团化办学过程中守正出新,与时俱进,建构整个集团的共同愿景和价值目标,在实践中不断丰富整个集团的精神文化内涵,从而引领整个集团的发展方向。

北京一零一中在集团化办学实践中不断提炼学校文化的精神核心,建构集团价值认同,在红色基因、国事担当和社会责任基础上,赋予北京一零一师生不同的气质、高远的格局和宏大的视野,要求每个人要有世界眼光与家国情怀,奔向卓越,努力成为最好的自己。北京一零一中教育集团把"做中国特色国际一流的基础教育名校"确定为共同愿景和目标,在教育教学实践中贯彻生态智慧教育理念。我们认为,课堂的生态属性是尊重、唤醒、激励和发展生命,课堂是一个有利于生命投入的学习生态环境;课堂的智慧属性要求课堂要唤醒生命智慧,提升思维品质,丰富情感体验,培养健全人格。生态智慧课堂的目标追求,是建构生命成长和智慧生成的场域,即生活场、思维场、情感场、生命场。在此基础之上,我们建构了各个学科的生态智慧课堂模型,把立德树人渗透在各个学科课堂当中。

(四) 推进"六个一体化",建构发展认同

没有集团校成员的共同发展,就不会形成整个教育集团的发展认同。教育集团作为一个教育共同体,其运行逻辑和现实竞争力取决于其整体发展水平和治理水平,也就是说,学校在集团化办学的同时还承担了发展和教育治理的双重任务。而这两项任务的完成既需要制度的支撑,也需要有政策的支持,这不仅关系到整个集团的发展目标能否实现,也关系到治理的绩效。制度供给主要解决集团行动的手段和方式,而政策供给则主要解决集团行动的具体方案。

我们在集团化办学过程中提出了"六个一体化"的策略,即管理机制一体化、教师培训一体化、学生培养一体化、师资调配一体化、教学评价一体化、资源配置一体化。例如:在推进管理机制一体化过程中,我们采用以数据为核心的 OMO 管理模式,进行集团内统一的课程和教师资源配置。线上系统智能化使得无论教—学—练—测—评,还是课前、课中、课后学习,都能够为学生提供及时且个性化的学习服务。我们通过线上系统赋能线下管理模式,提高教育集团的运行效率,降低管理成本。在推进资源配置一体化的过程中,集团校在课程教学中心的统一管理和组织下,集团内各校区、各学科组借助现代化的信息技术手段,开展远程同步视频协同备课活动,实现教师资源和智慧共享,推进集团大教研模式的探索。

(五)强化细节管理,融学校文化认同于校园日常生活

在教师层面,北京一零一中教育集团教师发展中心每年都会对新入职的教师进行培训,其中通识培训中一项很重要的内容就是校史培训。学校党委书记亲自为新入职教职员工进行校史培训,让他们了解北京一零一中光辉的历史,从而增强对学校的文化认同。

在学生层面,每年春季学期,学校团委组织学生会优秀学生干部、学生红十字服务队、新任教师代表和离退休教师代表等赴革命圣地西柏坡开展为期两天的寻根之旅活动,旨在增强学生对于党史、国史、校史的了解,培养学生艰苦朴素和顽强拼搏的精神,提升学生核心素养,推动学生自由全面发展,促进他们对学校的文化认同。

北京一零一中圆明园校区坐落于圆明园内,校园里有五个湖。每年初一、高一新生入学时,德育处都会让新生带一瓶水到学校,一起将带来的水注入学校的青年湖里,寓意"集八方之水,育天下英才"。这样的活动也培养了新生对学校文化的认同。

在北京一零一中校园,各个被绿植覆盖的角落会设置一些文化宣传的小牌子,牌子上的标语是学生自己写的,如"我不是一个专情的人,因为你的一年四季我都爱""也许有一天,当我离开校园时,我会

哭得像个孩子"等。这些学生自己写出的文化牌在日常生活中潜移默化地增强了他们对美好校园的文化认同,起到了润物无声的效果。

三、学校文化认同的评估与改进

在集团化办学中,学校文化认同是凝心聚力的黏合剂,是实现真正融合的润滑剂,是迅速应对环境变化的催化剂。为了更好地衡量和推动集团化发展中的学校文化认同度,我们从认知层面、情感层面、行为层面和社会化层面四个维度构建了学校文化认同度评估框架(见表1)。

表1 学校文化认同度评估框架

学校文化认同维度	含义	文化认同测量条目
认知层面认同度	学校师生深刻了解学校文化的内涵、价值观、典型人物和事迹、校徽和宣传词等	我清楚地了解我们学校文化的内涵
		我可以说出我们学校文化的优点和特点
		我对学校宣传的各种典型人物或事迹很熟悉
		我熟悉学校的校徽和宣传词
		我清楚地了解学校所提倡的价值观
情感层面认同度	学校师生喜爱学校的文化价值观、学习和工作氛围、学校形象等	我非常欣赏我们学校的文化价值观
		我认为我们学校提倡的价值观正好也是我做事的准则
		我很喜欢我们学校的学习和工作氛围
		我很赞赏我们学校的品牌和形象
		我为我们学校的文化感到自豪和光荣
行为层面认同度	学校师生愿意主动参与学校的文化建设、宣传并主动维护学校的形象和声誉	我愿意为我们学校的文化建设奉献力量
		我对外主动宣传学校的品牌及形象
		我主动地为学校的各种文化活动出谋划策
		我积极地参与学校的各种文化活动
		我会主动地维护学校的品牌和形象

续表

学校文化认同维度	含义	文化认同测量条目
社会化层面认同度	学校师生把学校的文化、价值观、制度和规范等内化到自身的程度	我与学校是命运共同体
		我与学校共同担当责任,共同成长
		我把学校当作自己的家
		我自觉遵守学校的一切制度和规范,言谈举止做到与学校文化要求相一致

这个架构在帮助学校管理和解释各种文化认同现象时非常有效,同时也可以评估集团校的文化认同度。这个工具也可以演化成一系列问卷,用来了解集团校的师生对集团文化的看法,不仅可以帮助学校确认现行文化建设中的有效性或不足,而且能够更加明确师生共同的心理期待和价值取向。

北京一零一中教育集团的发展采用"名校+新校"的集团化办学模式,通过集团内名校向各个分校输出优质教育资源的方式,促使集团内各个分校在短期内实现快速发展,其目的并不是以品牌优质校的文化认同来取代各个学校原有的文化认同,而是以集团学校的文化认同为基础,建构一种"和而不同"的共生文化,这也与我们提出的生态智慧教育理念一致。当然,整个集团校文化认同的建构需要一个长期的过程,以先进的集团文化的力量来推动集团发展,是学校竞争力和持续发展力的根本。

我们探讨集团学校文化认同建构路径的目的不在于提供一个万能的药方或推出一种时髦的管理模型,而是为在集团化办学背景下艰难探索的学校提供一种分析问题的视角和解决问题的框架,提供一种具有现实意义的工具。

第三篇　教师发展

教师链式校本研修课程的建设与实施

20世纪美国人类学家玛格丽特·米德（Margaret Mead）在《未来与文化》一书中提出了著名的"三喻文化"说。三喻文化是前喻文化、同喻文化、后喻文化的合称。通俗地说，前喻文化是年长者向年幼者传授，年轻者向年长者学习的文化；同喻文化是指同代人相互学习的文化；后喻文化是年幼者向年长者传授，年长者向年轻者学习的文化。我们认为学校教师研修过程中文化的传递方式方向也是多元多样的，不仅骨干名师可以培训职初教师和经验教师，骨干教师也可以向职初教师和经验教师学习，其内容、资源和方式都是双向、混合的。

教师链式校本研修课程以"三喻文化"为理论基础，将不同发展阶段的教师结成链式学习共同体，形成前辈带后辈、同辈互助、后辈反哺前辈的课程研修氛围，并根据教师发展需求，构建形成关注教育教学情怀、理论、实践、技能以及职业发展与人文素养等主题的三大层次、六大领域的课程体系，通过讲座研讨、师徒结对指导、听评课、技能评比展示、阅读和写作、课题研究等形式，挖掘培训者资源，帮助骨干名师、青年教师、职初教师等不同发展阶段教师学习和更新教育教学理念、提升教育教学实践能力、实现教育教学理论和实践的"共生互补"，提升教师专业自主发展的素养，推动教师专业可持续发展以及学校教师队伍内部发展的生态优化。

一、课程开发背景

（一）课程对象

1. 研修者

北京一零一中教师链式校本研修课程几乎涵盖了学校不同发展阶段的教师，根据学校教师发展需求和教师职业发展规律划分成职初教师、经验教师和骨干名师，不同发展阶段的教师有不同的发展需求、研修方式和进阶方向。

2. 培训者

校外学者专家。帮助一线教师了解教育改革前沿、理解先进教育教学理念，以研究的方式反思、改进自己的工作。

本校骨干名师。以正高级、特级教师、市级学科骨干带头人，以及学校教育教学管理者为主体，从宏观理论架构到具体实践操作，对被培训者进行经验分享和能力指导。

本校高学历青年骨干。在某一学术研究领域有专长的高学历青年骨干教师，能为学校教师队伍带来更多新想法、新思路，激发教师队伍发展的活力。

（二）需求分析

不同发展阶段的教师有不同的需求。校本研修课程必然建立在教师急需解决的各类教育教学工作问题、职称评聘要求与职业可持续发展的基础之上，这为确定研修课程目标和构建课程体系提供现实依据。

职初教师发展的关键在于怎样尽快实现理论知识与教育实践的衔接。从"前辈"那里获得有效经验、夯实教学基本功、适应学校教师文化。

经验教师普遍对课堂教学水平高端发展有强烈愿望，急需通过更多更广的平台来展示和打磨自己的课堂教学能力，并从"前辈"的指导和"同辈"交流中初步积累、提炼有效教学经验。

骨干名师发展进入成熟期，需要辐射自己的成果，同时也需要先进理念和新鲜观点来激发他们突破自己的"平台"。

（三）课程目标

本课程总目标即通过将不同发展阶段的教师组成学习共同体，在不同层次和内容的课程研修中，互相学习指导，提升教育教学能力，形成特色，更新理念，持续获得专业成长，最终提升教师专业自主发展的素养。针对不同发展阶段的教师，学校制定了具体的差异化研修目标：

（1）对于具有高学历背景的职初教师（入职2年），主要通过教师职业理想教育、教师基本知识和技能研修，夯实基本功，开发教育潜能，明确职业发展方向。

（2）对于经验教师（区级、校级骨干和学科带头人），通过快速高质量的专业引领和教学实践锤炼，提高教学能力，形成教学特色和一定的教学成果，具备成长为骨干名师的自我指导能力，实现教师专业发展。

（3）对于骨干名师（正高级、特级、市级骨干和学带），主要通过指导、交流、课题研究等形式系统总结与分享教育教学智慧和经验，自主更新理念，提升教师培训领导力，具备成为教育名家的潜力，实现教师专业化发展。

二、课程内容与体系建设

北京一零一中建设了"三个层次六个领域"的研修课程架构。三个层次包括：一是宏观层面，关注高端研修，如国家大政方针与社会经济发展趋势、教育改革政策等；二是中观层面，关注新的考试招生制度改革背景下的学校顶层设计和实施策略，如生态智慧理念下的管理创新、课程建构和课堂教学等；三是微观层面，关注课堂教学的策略选择与模式创新、新的信息技术对于教育的推动作用，如课例研究、云端课堂、翻转课堂、微课等。六大领域包括教师基本素养、教育教学理论、教育教学实践、情怀与视野、人文素养、高科技+教育（见表1）。

表1　北京一零一中教师研修课程六大领域

领域	研修课程			
教师基本素养	教育教学基本功	职业规划与理想	职业信念与师德	学校历史与文化
教育教学理论	教育学心理学	课程标准理解	学科核心素养	教改政策理念
教育教学实践	课堂教学实践	教育教学评价	学法指导研究	学科课程建设
情怀与视野	社会经济发展	国家法治建设	国家政治政策	国际格局形势
人文素养	文学与历史	艺术与哲学	生活与交往	身心健康
高科技+教育	信息素养与安全	信息技术与创新	科技与教育融合	人工智能+教育

根据以上研修课程架构，基于学校教师发展目标，挖掘不同教师的优势，将其作为培训者（资源），设计不同层次的教师发展课程体系，既有体现学校对全体教师要求的全体教师研修课程体系，也有针对职初教师、经验教师和骨干名师发展需求的、渗透"前喻""同喻""后喻"文化理念的研修课程体系。（见表2~表5）。

表2　北京一零一中全体教师研修课程体系

领域	专题	目的/内容要点	研修形式	培训者
教师基本素养	职业信念与师德	教师师德建设，坚定教师职业信仰，指导教师职业发展	讲座	骨干名师、学校干部
教育教学理论	教育改革政策与理念	帮助教师了解先进的教育教学理论，理解当前教育改革政策，促进教师开展自我教育、自我反思，更新自己的教育理念，改进教育教学工作	全体教师讲座	校外专家、骨干名师（教研组长）
	核心素养与教育研究			
	教育教学论文写作		论文写作和评比、共读一本书和读后感评比	
	阅读工程			

续表

领域	专题	目的/内容要点	研修形式	培训者
情怀与视野	国家战略、国际形势	帮助教师了解当代国际变化，中国政治、经济、文化、科技等领域的改革和成绩，扩宽视野，具备家国情怀	全体教师讲座	校外专家
	经济改革、司法改革			
	十九大报告解读			
	科学与艺术			
人文素养	读书茶会、博士论坛	跨学科交流，拓宽教师科学视野，提升文艺修养	论坛、讲堂	博士：高学历背景的职初教师、经验教师
	大众健身	强身健体，劳逸结合	讲座、休闲体育	
高科技+教育	人工智能与互联网发展	引导教师关注互联网发展，提升信息素养，为"未来学校"建设奠定基础	讲座、外出参观、继续教育	校外专家、高学历背景的职初教师
	大众创业、万众创新			
	教育与信息技术素养			

表3　北京一零一中职初教师研修课程体系

领域	专题	目的/内容要点	研修形式	培训者
教师基本素养	学校历史与发展	了解学校发展和目标、教师基本工作要求、职业规划指导等	通识培训讲座	骨干名师、学校干部
	教师职业规划与发展			
	学校课程与教学常规			
	学生发展与学校德育			
教育教学实践	板书设计	夯实职初教师基本功	讲座、评比	骨干名师、经验教师、职初教师
	演讲与口才			
	诊断课、追踪课与汇报课	提高课堂基本功，经历"公开课"初步锻炼，促进对优质课的感知	师徒结对指导	
	常态课展示与点评		听课、评课	

表 4 北京一零一中经验教师研修课程体系

领域	专题	目的/内容要点	研修形式	培训者
教师基本素养	骨干教师专业成长规划	名师引领,为经验教师向高阶发展提供指导	讲座、座谈交流	骨干名师
教师基本素养	教师说课	帮助教师清晰认识自己的教学设计,具备职称评定所需的技能	讲座、评比	经验教师
教育教学理论	教育改革、学科教研	更新学科教学理念,反思教学,提升课堂质量	讲座、教研组研讨	校外专家
教育教学理论	"课例研究"的学习与实践	促进教师反思教学,学习和初步开展有专题的教学实践研究	讲座、写作与评比	骨干名师、经验教师
教育教学理论	班主任班级管理	帮助班主任在新时期更好地开展班级活动、进行班级管理,为学生成长服务	讲座、座谈交流	校外专家、经验教师
教育教学理论	毕业年级接力	帮助教师尽快适应毕业年级的教育教学工作	交流座谈	骨干名师、经验教师
教育教学实践	重塑课堂:生态智慧教学实践	展示教师的教学艺术、教学思想和教育智慧;帮助教师分析、总结,进一步提升骨干教师的专业水平。	研究课	校外专家骨干名师经验教师
教育教学实践	对外交流		公开课、报告、座谈	校外专家骨干名师经验教师

表 5 北京一零一中骨干名师研修课程体系

领域	专题	目的/内容要点	研修形式	培训者
教育教学理论	课程建设与教学实证研究	突破职业瓶颈,在研究、指导他人、成果交流过程中,提升教育教学思想理论	课题研究、论文写作	校外专家、骨干名师、经验教师
教育教学实践	思想研讨	突破职业瓶颈,在研究、指导他人、成果交流过程中,提升教育教学思想理论	实践研讨会	骨干名师
教育教学实践	成果辐射与指导	突破职业瓶颈,在研究、指导他人、成果交流过程中,提升教育教学思想理论	伙伴研修、成果推广、名师工作坊	经验教师、职初教师

三、课程实施

在"三喻文化"的引领指导下,学校里骨干名师、经验教师和职初教师之间可以存在不同的文化传播方向,这种多方向多元的学习和文化交流形态使得教师们结成学习共同体。这是链式培训课程实施中的立足点和落脚点。

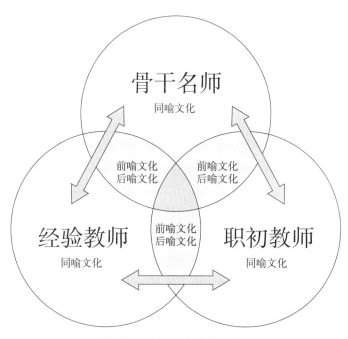

教师学习共同体中的链式结构

(一)"前喻文化"引领为主的职初教师研修课程实施

在教师校本研修中,骨干名师、经验教师可以作为职初教师的行为标准,充分挖掘他们的优秀经验形成课程,能指导职初教师迅速了解学校文化和历史、认识教师职业和师德要求、夯实基本功,进而帮助他们顺利走好职业的起步阶段。

基于以上设计理念和目标,职初教师研修将教师基本素养和教育教学实践作为主要研修内容,由校外专家、正高级教师、特级教师、市区级学科带头人和骨干以及教育教学管理干部担任培训者(专家、评委),具体形成了通识培训讲座(见表6)和教学基本功实践研修两类课程,教学基本功研修包括演讲、板书、课堂展示等内容,研修时间为1~2年。

表6 开设的教师基本素养培训讲座

讲座专题	专家
学校课程建设与教学常规	熊永昌(书记)
学校德育工作与班主任素养	刘子森(副校长)
以学为中心的课例研究	毛筠(副校长)
如何开好家长会	毛筠(副校长)
教师职业发展从细节抓起	毛筠(副校长)
做课堂教学的研究者	张鹤(正高级教研员)
"青春和生命的价值选择"教师职业发展	严寅贤(特级退休)
"结构的魅力"如何开展教学设计	陈争(特级)
"浅深聚散,万取一收"板书与演讲培训	陈昂(区骨干)
"成为一名从容的老师"青年教师成长	邱静(区带头人)

职初教师在培训过程中按要求参加相应课程外,还要在学校网络平台上提交相关成果(如校内完成研究课/听评课、参加市区级教研活动/研究课/基本功展示、论文获奖/发表、其他任务等),教师发展学校根据其研修期间所获得的成绩和成果和研修课程中的表现进行评价,授予优秀学员称号。

(二)"前喻文化"和"同喻文化"引领为主的经验教师研修课程实施

不同的教师个体之间,甚至教师和中学生家长之间都可以成为"同辈",且处于同一发展阶段的教师都可能面对同样的专业发展和实践问题,因此,"同辈"之间平等的交流、引导和合作更容易实现。当然经验教师的职业困惑也需要来自"前辈"的指导。

因此，结合经验教师对进一步成长有较强的愿望，探索改革、解决当前教育教学实践难题、提升课堂教学能力。经验教师研修课程旨在创造各类各层次实践平台，通过教学实践和成果固化等形式，促使他们在与"前辈"和"同辈"的学习和切磋中钻研业务，反思工作，挖掘进一步发展的潜能。

课程内容关注职业发展规划、课堂教学实践、教研与成果固化等，具体课程有：骨干教师专业规划、"说课"培训与评比、"课例研究"与评比、生态智慧课堂教学实践、校内外教研与展示活动等。

这一发展阶段的教师在学校教师队伍中人数最多，评价主要是激励性评价，尤其是通过开展以上具有评价性质的课程活动，推动这一群体获得成果，帮助其积累专业发展成果，能够在校外评奖和职称评聘中有成绩作为量化指标。

（三）"后喻文化"引领为主骨干名师研修课程实施

"三喻文化"中的后喻文化指的是由年轻一代将知识文化传递给他们的前辈。前辈只有虚心向小辈学习，利用他们广博而新颖的知识，才能建立一个有生命力的未来。由此可见，学校里的骨干名师们不仅是文化的输出者，需要有更大的平台来辐射和实践自己的成果，同时他们也需要主动学习，或在指导经验教师和职初教师的成果中获得回应，这往往可以对他们相对成熟的教育教学理念和实践模式形成新启发，实现自我突破。为此，骨干名师研修课程以成果提升、理念更新为出发点，设计的课程有教研指导（学术委员会）、思想成果研讨会（名师讲堂）、学科与科学前沿论坛（博士论坛）等，以此加强交流沟通、激活思维、更新理念、尝试新实践模式，形成"教师学生化，学生教师化"的研修角色意识，易于且善于从同辈、后辈，甚至是学生那里寻求到专业化发展的路径。

1. 教研指导（学术委员会）

教研指导看似是前辈指导后辈，但双方在教研指导中的"对话"

是即时的、平等的，前辈可以及时从后辈那里获得反馈，这种反馈对前辈而言是一种研修资源。

学术委员会是北京一零一中教育集团学术机构，旨在促进教育集团学术建设、引领教师专业发展。委员一般是具有市级学术称号（学术带头人、学术骨干、紫禁杯班主任）、特级或正高级职称，在业内具有较大学术影响的资深教师。

学术委员会专家们经常到集团内各校区视导、听课、座谈，指导课堂教学，参与校级职称评聘审核、各项教育教学技能评比等工作。这个过程中，他们一方面分享自己的教育思想和经验，辐射个人研究成果，提升学校教师发展品位，丰富学校办学文化；另一方面也接受来自不同校区、不同学段、不同发展阶段的"后辈们"新观点，形成思维碰撞，在交流中更新理念。

2. 学科与科学前沿论坛（"四宜"博士论坛）

近年来新入职教师学历水平越来越高，北大、中科院、北师大等高校、研究院所的博士、硕士人数越来越多，这些青年教师有较强的学术研究能力，了解学科当前发展前沿问题，对于学校和"老教师"们而言，他们学科所属的专业领域理论扎实，信息技术水平高，接受新事物能力强且有创新能力。因此，将这些硕士、博士作为教师培训资源，对骨干名师来说，是一种新的思想碰撞。

学校根据青年教师的课题和专长，不定期组织开展"四宜"博士论坛活动，目前开展过的讲座见表7。

表7　2016年至今已开展博士论坛列表

讲座题目	主讲人
当代世界格局中的中美关系	康文中（博士）
舌尖上的添加剂	王昱甥（博士）
废弃物与生命	王昱甥（博士）
走进圆明园	孙淑松（博士）
天使与魔鬼的博弈——抗菌药与超级细菌	康旭升（博士）

续表

讲座题目	主讲人
直面转基因	崔旭东（博士）
大话通讯——万水千山阻隔不了的问候	相新蕾（博士）
生物节律的奥秘	李志洁（博士）
汉语拼音的前世今生	李孜（硕士）
"译响天开"——英汉交替传译、同声传译初体验	唐诗（硕士）
APEC与中国的未来	李峥（博士）

此外，学校每年教育教学年会上，很多青年教师作为主讲人发言，与全校教师分享交流自己的实践心得和研究思路，给学校整个教师队伍和成果注入新鲜血液。

（四）以课题项目为依托的教师共同体研修课程实施

课题研究往往是一个团队合作的过程，团队中可能有骨干名师，也会有青年教师、职初教师，这些不同发展阶段的教师在一个项目团队中，形成共同体，基于项目进行相互交流、学习和指导，是对"三喻文化"理念的最好体现。

但是，常规的市区级规划课题的负责人多为骨干名师或经验教师，研究和研修仍以前辈引领后辈的方式进行。关于如何借助课题研究来实现教师研修共同体，学校通过开展全校性课题研修的方式，并从组织结构上保证不同发展阶段教师都能处于平等交流的研修状态，各方都能获得成长。

近些年来，学校开展了"学生学习力与学科建设研究""中学全学科阅读指导体系建设实践研究"等全校性课题，调动各学科组建项目小组，每个学科项目组聚集本学科内的不同发展阶段教师，但是项目组长则以经验教师为主，他们组织组内教师共同学习和研究，担任项目小组报告执笔人。"北京市基础教育阶段STEM教育测评研究"更是由几位教龄10年内的青年教师担任项目组长，引领师生共同研究和发展。这样的项目组织结构，保证了项目不再是"前辈说了算"，而是给年轻人更多的锻炼机会，形成集思广益的研修氛围。对于学校而言，这样的项目课题对于各学科教研组教师队伍建设的意义更为重要。此外，学校还组织开展了校级"小项目"研究课题，教师们积极参与，不同于市区级规划立项课题，小项目研究更重视过程、更接地气，关注的是教师们日常工作中的宝贵经验和对不足的反思。从教师专业发展角度来看，"小项目"研究是科研的起点，聚焦小问题，讲好小故事，做好日常的积累，更有利于教师形成鲜活的有指导价值的成果，避免教师职业倦怠。从学校科研工作来看，"小项目"研究的推进，有利于帮助教师建立科研意识，初步体验课题研究，有意愿有能力参与市区级规划课题的申报和研究，形成推动学校教育教学发展的成果。

本研修课程的评价主要关注项目覆盖面、成果数量和质量，学校开发校本课题管理平台，市区校级课题都需要在平台上进行登记和申报，系统会统计课题数量和参与教师人数；教师提交的项目成果、获奖成果也是衡量每年课程效果的指标。

四、课程评价

课程评价主要关注教师研修过程中的理念改进和成果积累，并通过其他指标对课程目标达成情况进行间接性的评价。涉及的指标包括教师个人获奖情况、教师研究课/公开课数量、教师论文成果获奖、教师对外教研/学术交流情况、教师科研及成果情况等。

学校开发了教师绩点管理平台，教师在网络平台上记录自己的发展成绩和成果，通过定性和定量来帮助学校了解教师发展情况。

以年为时间单位收集教师研修成果，通过教师提交的成果指标与上一年进行对比，体现学校教师研修情况的优势与不足，进而评价本研修课程效果，同时作为下一年度研修课程需侧重关注的内容和实施的改进依据。

五、课程建设与实施的反思

（一）课程特色与亮点

从课程理念创新来看，学校采用链式培训模式引领研修整体规划，将"三喻文化"作为课程理念基础，关注前辈、同辈和后辈之间都可以存在双向的学习和指导，而非仅仅是前辈指导后辈，这样能形成教师学习共同体，实现学校内部研修资源的生态循环。

从课程设计来看，研修充分体现了以校为本的特点，充分整合学校优质的师资团队直接参与教师研修，课程内容成体系，既注重研修课程的整体规划，也关注不同发展阶段教师的实际需求。就研修形式而言，有传统的培训方式，也有线上线下，是一种混合式的学习方式。从课程研修时效来看，学校注重研修的实际效果和长远价值，因此教师研修也遵循教育规律，将教师研修贯穿于教师的整个职业生涯。

从课程成果固化来看，注重研修过程性资料的积累和固化，不仅是教师研修成果的总结，也是一种资源共享，能够为校本研修不断注入新的课程资源。

从课程的实施效果来看，教师专业发展培训和研修不只为了让教师获得知识和技能，还要形成专业自主发展的素养，以及教学相长的意识。现实来看，北京一零一中的教师能够不用扬鞭自奋蹄。同时，不同发展阶段的教师是学习共同体，教师和学生也是学习共同体，教师能虚心在与学生的互动中更新完善自己。

从课程研修辐射力度来看，一方面注重整合校内外研修资源，合而为一或者深化拓展，减轻教师研修负担，形成精品研修课程；另一方面，发挥作为优质学校的社会服务作用，辐射优质研修资源，实现共赢。

（二）课程改进

在教师校本研修课程的设计和实施工作中我们也发现了新的突

破点。

一是完善信息化研修平台,探索研修的新途径。

二是积极开发和利用网络媒体,完善网络研修平台,形成网络学习共同体,全面记录和反映全校教师参与校本研修的次数、收获、效果等,将教师的研修过程更加完整地保存下来,作为提升和反思的材料。

三是在完善课程体系的基础上,进一步完善校内教师专业发展评价指导体系,为教师专业自主发展提供依据和指导,使其不仅成为对教师工作的评价工具,更应当成为教师发展的诊断工具。同时,评价体系加强集团内教师专业发展的交流与比较,为教师自主规划专业发展提供更多的数据支持和参考。

四是促进教师教育观的更新,适应时代的需求。当前的教育改革对教师的能力,特别是学科素养"宽"的能力提出了新的要求。信息云时代,教师思想创生的频率和深度要远远强于学生,才能引领学生思想创新的生长,这对教师而言是最具发展性和挑战性的能力。同样,教师研修急需与时俱进,帮助教师顺应时代的要求和挑战。

以学习共同体研修助力教师专业发展

百年大计，教育为本；教育大计，教师为本。国家非常重视教师素质的提升以及相关培训工作的开展，先后颁布了一系列教师培训政策，如教育部印发的《关于大力推行中小学教师培训学分管理的指导意见》（2016），中共中央、国务院印发的《关于全面深化新时代教师队伍建设改革的意见》（2018）和教育部等五部门印发的《教师教育振兴行动计划（2018—2022年）》（2018）等。这些政策有力地推动了中小学教师培训的发展，其中一个重要贡献就是推动了教师专业学习共同体研修的发展，有利于发挥优秀教师在校本常态化研修中的引领作用。北京一零一中积极响应党和国家的号召，重视教师队伍建设，在教师培训方面采取了一系列有效措施，其中包括组建各类教师专业学习共同体，开展校本研修。

一、课题研究引领式——学科教师专业共同体研修

主动学习和教学研究是教师专业发展的路径，课题研究是教师专业发展的重要方式。课题研究能帮助教师避免重复劳动所带来的单调、乏味和职业倦怠感，有效帮助教师解决教育教学实践中遇到的问题和困难，提升教师的专业技能，还能让教师通过研究获得探究的乐趣，收获解决问题的成就感和由此带来的职业幸福感。正如苏霍姆林斯基所说："如果你想让教师的劳动能够给教师带来乐趣，使天天上课不至于变成一种单调乏味的义务，那你就应当引导每一位教师走上从事研究这条幸福的道路。"以课题或微课题研究来引领学科教师专业共同体研修是较常采用的研修模式。

例如，教师A以自己申报的北京市海淀区"十三五"规划课题"英语文学阅读校本课程的开发与实践研究"为依托，成立了微型课题"'文学圈'阅读"研修共同体，成员由4名初中英语教师组成。共同体每周开展一次活动，分步骤、有计划地开展同伴互助式研修（见表1）。

表1 "'文学圈'阅读"项目组研修内容

阶段	研修模块	研修内容	研修前准备	研修后任务	师资和资源支持	学时
1	理论研修	"文学圈"阅读理论	查阅"文学圈"阅读理论与实践相关文献，准备文献综述PPT	撰写并交流研修心得，设计一份基于"文学圈"阅读理念的教学设计	成员各自发言，实践导师组织研讨交流	2.0
2	实践研修	"文学圈"阅读教学设计与展示	基于"文学圈"阅读理念的教学设计及课堂教学PPT	撰写并交流听课感受	成员通过同课异构教学活动展示教学设计，实践导师组织研讨交流	24.0
3	总结反思	"文学圈"阅读教学实践反思	基于"文学圈"阅读教学设计的实践反思PPT	撰写基于本次"文学圈"阅读教学课堂实践活动的教学论文	成员撰写论文，理论导师基于教学设计进行学术引领	4.0
4	同伴互批	"文学圈"阅读教学论文互评	批改同伴论文，提出修改建议	依据同伴所提建议，修改论文	成员互评论文，实践导师组织研讨	2.0
5	理论提升	专家点评"文学圈"阅读教学论文	提供依据同伴建议后修改的论文	依据理论导师的建议再次修改论文	理论导师基于教学论文再度进行学术引领	2.0

在理论研修环节，共同体成员自主查阅"文学圈"阅读理论及实践运用的相关文献，提炼观点及学术思想，撰写学习体会，并通过沙龙式读书研讨的研修方式，分享各自进行专题学习的成果。

在实践研修环节，共同体成员根据所学理论知识进行基于不同教学内容的教学设计，并先后通过课堂教学活动展示其教学设计。其间，采取同伴协作式多轮磨课的方式，即每次试教结束后，共同体其他成员指出问题帮助授课教师改进教学，在下一次试教时重点关注所提出的问题是否得到纠正，并检验改进后的课堂实效。

在总结反思环节，共同体成员对多轮实践检验后的教学设计进行总结反思、分享观点、交流研讨，以集体智慧促进对教学行为的反思，为教师后续撰写高质量的教学论文做好准备。

在同伴互批环节，授课教师将自己基于"文学圈"阅读教学实践的论文交由其他教师批改。共同体成员从论文所基于的教学原理、案例呈现和分析、论文整体框架、文字表述、语言及段落逻辑、标题与内容的吻合度等，全方位帮助授课教师打磨论文。

在最后的理论提升环节，来自高校的理论导师针对共同体成员撰写的论文提出更专业的意见，进行学术引领，帮助成员进行理论提升。

二、问题驱动式——青年班主任共同体研修

《中华人民共和国教育法》《中小学教师职业道德规范》以及《中小学班主任工作规定》等文件都明确规定了中小学班主任工作的性质，也明确了班主任工作的专业性，为我国班主任队伍建设和专业发展提供了良好的制度环境和政策支持。承担班主任工作的教师既需要学习教育科学、儿童发展心理学、班主任管理等相关理论知识，懂得先进的育人理念和方法，还需要具备相关专业技能和较高的综合素养。学校历来重视班主任队伍的建设，为班主任的专业成长搭建各类平台。

2019年，学校成立了4个以项目组命名的青年班主任研修共同体，每组由4~5名成员组成，组长由一名教龄在5年左右、中级职称的成熟教师担任，成员是教龄在3年以内的初任教师。这4个青年班主任共同体以具体的育人目标为引领，分步骤、分阶段、有计划地开展了一系列的研修活动。

例如，教师S主持的青年班主任共同体研修主题是"如何开好主题班会，以班级目标引领学生的成长"。共同体成员经过商议、研讨，制定了共同的研修目标和具体的实施方案（见表2）。研修共分为理论研修、实践研修、总结反思和理论提升四个模块，总体目标是促进班主任的专业化发展，全面提升其育人能力，具体目标是要帮助共同体成员提高主题班会的设计与实施能力，以及通过主题班会更好地引领学生的成长。

表2 "如何开好主题班会，以班级目标引领学生的成长"研修内容

序号	研修模块	研修主题	研修要点	研修安排	研修作业	学时
1	理论研修	如何设计好主题班会	主题班会的性质、选题、设计方案解读、设计点、案例呈现、说课、主题班会的有效拓展等	理论导师专题讲座，"紫禁杯"特等奖获得者贺丽珍老师说课，成员研讨交流	撰写研修体会，设计一份主题班会活动方案	4.0
2	实践研修	主题班会的实施与观摩	组长、组员先后进行主题班会展示与说课	成员观摩、研讨主题并提交学习心得体会	基于观摩修改原主题班会设计方案	10.0
3	总结反思	主题班会的设计与实施总结反思	总结自己在主题班会设计与实施过程中的特色、亮点和存在的问题，分享经验	成员研讨交流，互评主题班会的设计与实施	完善主题班会设计方案，基于方案撰写教育论文	2.0
4	理论提升	主题班会设计的逻辑链与问题链	主题班会中逻辑链的重要性以及合理运用	理论导师专题讲座，成员研讨交流	进一步完善主题班会设计方案和修改教育论文	2.0

第一模块的理论研修主要是外请的高校导师依据成员前期提出的问题"如何开好主题班会"进行理论指导，介绍主题班会的性质、如

何选好主题、主题班会的设计方案解读、优秀案例呈现等,之后邀请"紫禁杯"特等奖获得者贺丽珍老师进行现场说课演示,成员与导师会后交流研讨。

第二模块的实践研修先由组长进行主题班会展示,成员观摩学习、交流研讨,并提交学习心得体会。之后,成员陆续展示其主题班会的设计与具体实施,共同体成员互相评议,开展同伴式互助研修。

第三模块的总结反思是成员基于自己的主题班会的设计与实施,结合实践导师以及其他成员的意见,及时总结自己在主题班会设计与实施过程中的特色和亮点,反思其中存在的问题,并基于设计和反思,撰写教育论文。

第四模块的理论提升是理论导师针对教师论文中存在的共性问题和个性问题进行点评。针对教师论文中普遍存在的主题班会设计逻辑链关注不够的问题,理论导师通过专题讲座阐述主题班会中逻辑链的重要性及其合理运用,帮助教师进一步完善主题班会的设计方案和论文。

三、文化沙龙式——茶室"雅集"共同体研修

习近平总书记号召大家要"爱读书、读好书、善读书",因为"读书可以让人保持思想活力,让人得到智慧启发,让人滋养浩然之气"。教师作为人类文明的传承者,承载着传播知识思想真理、塑造灵魂生命新人的时代重任,更应顺应历史潮流,让自己成为终身读书学习的表率。读书是教师专业发展的必经之路,因为教师的职业特点决定了教师需要不断更新知识结构,提升人文素养,才能适应新时代教书育人的需求。北京一零一中有一批酷爱读书的教师,他们以书会友,聚集在学校的"雪霁茶香"茶室,交流读书学习的心得体会。茶室"雅集"共同体由此得名,其本质是文化沙龙。但它又具备霍德所归纳的教师专业学习共同体的若干特征,如具有共同的价值观和愿景、开展协作学习、形成支持性条件和共享的个人经验等。

雪霁茶香茶室活动

茶室"雅集"共同体研修旨在全面提升教师的人文素养，培养教师的气质，使教师充分体验职业的幸福和乐趣。研修每两周开展一次，多数定在周四的午休时间，每次由一位主讲教师分享自己的读书或学习体会，之后共同体成员针对本次的研修主题和内容畅所欲言，分享观点和看法。茶室"雅集"共同体研修的主题非常广泛，涉及文学、艺术、历史、地理、科技、军事、医学……能帮助教师全方位提高自身的综合素养，更好地承担教书育人的重任。

例如，地理组何群老师分享的"乌兰布统草原旅行散记"，将自驾游览乌兰布统的整个行程以图片的方式介绍给其他教师。何老师的主题引领让其他教师了解了乌兰布统的地理特征、风土人情，而一百多张高清风景美照无疑是呈现了一次摄影艺术作品的视觉盛宴。美术组曾旭老师分享的"互联网+时代的艺术创作"，介绍了自创的中国工笔画作品《印度新娘》如何诞生在互联网空间。这件精密构图的作品用笔严谨、用色考究，人物动作、姿态精致细腻，高超的艺术水平让其他教师获得了极其丰富的审美体验。英语组张燕老师分享的"漫谈京剧艺术"，让在场教师真正体会了传统京剧艺术的无穷魅力和永恒价值，并由衷为中华优秀传统文化感到自豪。

这种文化沙龙式的教师共同体研修，帮助教师增长了知识，拓宽了视野，提高了综合素质和人文素养，由此促进了教师教书育人素质和能力的整体提升。

本文结合具体案例，研究了北京一零一中如何通过教师专业学习共同体研修提升教师教书育人素质的实践行为，呈现了三类共同体研修模式，即课题研究引领式——学科教师共同体研修、问题驱动式——青年班主任共同体研修、文化沙龙式——茶室"雅集"共同体研修。学习共同体研修解决了传统集中培训时教师被动参与、培训收效甚微等问题，有效调动了教师的积极性和自主性，能够促进教师之间的合作与共享，满足教师专业提升的个性化需求。同时，通过专家引领和同伴互助，帮助教师提升职业素养和创新能力，促进教师的专业化发展，促使其最终成长为可以开展自主研修的高素质专业化创新型的研究型教师。

第四篇 学生发展

学生成长共同体与家校社协同育人

随着社会的发展,中学教育早已不再局限于只给学生教授知识,而是要考虑运用各种资源为促进学生全面发展提供指导。作为一所历史悠久的学校,北京一零一中在遵循"德育为先、能力为重"的基础上,不断开拓领域、搭建平台,积极打造学生自主成长空间,促进学生全面发展。近年来,在学校学生发展中心管理团队的统一协调下,开展了诸多尝试与实践,走出了一条以学生成长共同体为依托的家校社协同育人新路,实现了对每位学生的个性化指导关怀。

一、学生成长共同体的内涵、要素与价值

学生成长共同体是根据学校班级授课的实际情况,在初、高中时间段内,按照异质、均衡、互助、共生的原则,由学习者与助学者(包括任课教师、家长志愿者、学长志愿者和社会其他辅助者等)共同构成的团队。成长共同体的每个小组一般有学生6~7人,分别设组长1人、纪律考勤长1人、运动健康长1人、休闲阅读长1人、家务劳动长1人、作业检查长1~2人,每位小组成员都需要根据自身特点在小组内担负一定的职责。成长共同体内成员具有共同的目标,相互尊重,平等交流,资源共用,彼此分享情感、思考、体验,促进各成员德智体美劳全面发展。

学生成长共同体的形成离不开四大要素:共同愿景、专门人员、核心文化和条件保障。成长共同体成员兼具同质和异质两种特征,同质一般是指学习者具有基本相同的学习经历、发展目标等共性,而异质则是指助学者不同的身份特征、可发挥的不同作用。在共同愿景下

成员各司其职,提供相应的资源辅助,助力学生高效成长。核心文化则是指共同体在学习成长过程中,基于自愿、平等、互助、互补等原则,形成课内课外、校内校外、线上线下一体化的教育文化氛围。条件保障主要是指为共同体成员提供的物质基础、制度保障、信息资源、条件资源等,包括学校硬件设施、专门负责指导学生成长共同体的运行机构、家委会、校内外实习实践基地等。一直以来,班级是教师开展各项育人工作的主要阵地,但随着新课改的不断推进,班级管理无法照顾到每位学生的需求,教有余而学不足等问题逐渐凸显出来,这意味着我们需要对学校育人模式进行新的实践尝试。在这一过程中,走班制、兴趣小组等广泛开展起来。这些有益的尝试从不同角度为目前的教育问题提供了一些解决办法,但是仍未解决家庭、社会协同育人问题,此时学生成长共同体应运而生。学生成长共同体有利于小组内学生之间进行沟通,保证了各类资源的均衡性,让每个学生都能得到全方位、个性化的帮助。

二、学生成长共同体的家校社协同育人模式实践

家校社协同育人由学校统一协调组织,学生发展中心为协调组织管理团队,该团队由学校翔宇学院牵头,团队成员包括学生发展中心

领导和学校各部门负责人、年级组长、班主任等。家庭资源、学校资源、社会资源有机融合，相互补充和促进。各类资源和学生发展中心共同支撑学生成长共同体小组，尊重生命成长规律，尊重每个学生的差异，引导学生学会生存、学会共处，培养学生的判断和决策能力。

（一）建立协同制度

学校设立翔宇学院，专门负责学生成长共同体运行。成立班级、年级、校级三级家长委员会，每学年依据需求召开一次或多次年级、校级家委会大会，倾听家长声音，传达学校育人和管理理念。为了家庭更好助力孩子成长，建立家长学堂制度；基于不同年级实际情况，设定家长学堂学习主题，既要充分考虑学生总体的一般性，又要考虑学生个体的特殊性，还要总结学生发展规律，剖析学生各阶段教育主要目标与抓手。比如为新高一年级家长设定"新高考政策解读和选科策略指导""亲子沟通策略"学堂讲座，为初二年级家长设定"青春期亲子沟通"学堂讲座等。在及时缓解学生学业压力、考试焦虑的同时，也在培养品格、拓宽视野、提高能力等方面为家长提供具体的参考依据。

（二）完善分工合作

在常态学习阶段，成长共同体小组成员分工合作。组长全面负责本小组共同体事务，检查成员每日计划完成情况，协调组内事务工作，积极配合指导教师、家长志愿者、学长志愿者的工作，了解成员的思想动态和各种特殊情况并及时向指导教师或班主任反映汇报，调动小组成员积极性；纪律考勤长负责做好成员的上课考勤工作，为成员全面健康成长提供纪律保障；运动健康长督促成员合理饮食，完成每日运动，每周组织成员开展1次集体体育活动；休闲阅读长督促成员完成每日阅读，每周组织成员开展1次阅读活动；家务劳动长督促成员完成每日家务劳动，每周组织成员进行1次厨艺或其他劳动技能展示；作业检查长汇总各科作业上交情况，并与课代表、任课教师及时沟通。

成长共同体小组还结合社会热点和成员需求开展丰富多彩的课内课外活动。比如与学长的交流活动，由成长共同体小组长提前收集小组内成员的困惑与问题，并与学长协调交流的时间、地点。交流活动中，学长不仅公开解答大家的问题，而且与组内成员一对一交流，有针对性地解决相关问题。

疫情期间，成长共同体小组定期组织线上小组会、家长导师会、任课教师与小组交流会、与学长交流活动、小组间运动比拼、小组间厨艺比拼、线上云参观、线上家长会等，增进了成长共同体成员的归属感。学校也以学生成长共同体为单位，多次组织"向祖国致意""向英雄致敬""为身陷困境的同胞加油"等主题活动，开展生动的线上社会实践课，在活动中引导学生关注社会、关注家人、思考问题。

（三）整合各方资源

学校以学生成长共同体为单位，基于不同年级协同育人目标，以班主任为核心和纽带，整合动员、配置利用各类教育资源，形成"大教育"氛围，力争做到不让一个学生掉队。在学生成长共同体中，班主任是班级资源的统筹者和总指导者、协调者，负责指导学生成立班级成长共同体，协调任课教师、家长志愿者和学长志愿者积极参与工作，与各成长共同体小组长保持密切联系并及时发现、解决问题，完成优秀成员和优秀共同体的评选推荐工作；指导教师由班级任课教师担任，负责了解学生思想、心理状态并关爱每一位学生，及时表扬鼓励先进、鞭策激励后进，发现问题并及时与班主任沟通；家长志愿者由班主任在班级学生家长中征集，主要职责是配合指导教师做好工作，与本小组成员家长保持密切联系，为学生寻找适合的家长导师进行必要指导；学长志愿者由年级组和学校统一协调安排，负责为学弟学妹在心理、学业、专业等方面答疑解惑。

为了充分发挥任课教师导师和家长导师的作用，学校在部分高中非毕业年级设置了"每周一讲"制度。以2020级16班学生为例，每周五早晨成长共同体小组轮流"开讲"。开讲人员可以是组内学生，也可以是任课教师导师或家长导师。比如,任课教师导师基于对学生行为规范的引导目标,讲"男女生如何走向优雅";学生基于自己的兴趣点,讲"了解自闭症";家长导师根据学生的认识误区,讲"从新冠病毒看传染病"等。

成长共同体的学长志愿者主要通过小组内的交流制度发挥作用。比如与高一学生交流选科经验,为高二学生带来航天专业讲座,与高三学生交流如何高考复习等。

社会资源调动主要基于年级培养目标开展。如高二年级由各行各业家长进行主题讲座,涵盖法律、建筑、医学、人工智能等诸多领域。借助家长力量建立社会实践基地,以高一年级为例,家长提供的社会实践或者参观基地共 129 个,基本满足了全年级学生假期社会实践需求。

(四)开展综合素质评价

在学生成长共同体的成长进程中,学校组织力量构建评价体系和指标,编写学生发展指导手册,建立学生综合素质评价制度。学校及时从学生主观评价、家长评价、教师评价、实践活动举办方评价等方面对学生的发展情况进行评估,促进学生德智体美劳全面发展。

三、对学生成长共同体的进一步思考

随着学生成长共同体的逐步建立和完善,北京一零一中家校社协同育人氛围愈加浓厚,越来越多的教师、家长和毕业生参与其中,取得了良好效果。学校翔宇学院以学生发展为目标,详细规划并建立学生的校本课程群。学校编辑出版了包括心理健康、生涯指导、学科指导等在内的多个读本。学校于 2018 年获评"北京市首批中小学文明校园",2020 年获"全国文明校园""国防特色教育学校"等多个荣誉称号,独立申报的北京市教育科学"十三五"规划 2020 年度重点课题

"基于家庭、学校、社会协同育人的学生发展指导实践研究"获批立项,得到同行、专家的一致认可。

  同时,在构建学生成长共同体的实践中我们也遇到了不少问题和困惑。比如,如何更好地发挥学生成长共同体对集团校分校区的辐射作用?如何更好地实现家庭、社会资源与其他教育资源的整合?如何在"双减"背景下满足学生发展需求?未来,北京一零一中将进一步完善家校社协同育人模式,继续深化学生成长共同体的实践探索。

全学科阅读：学校育人方式变革的有效路径

育人方式变革是当前基础教育改革的重点和难点问题，涉及学校教育的方方面面，素养导向的教与学方式变革是其核心和关键。传统的知识传授式教学无法支撑起素养培育的重任，需要用新的路径和方式激发学生的自主学习，进而实现从知识到素养的进阶。而阅读，尤其是全学科阅读是学科学习的必要路径，也是"双减"背景下学生自主学习的重要方式。基于上述认识，北京一零一中将阅读作为学校发展的重要战略，引领各学科教师深度实践全学科阅读。

一、全学科阅读实践的路径与举措

全学科阅读实践以 2019 年申报立项的北京市教育规划课题"中学全学科阅读指导体系建设实践研究"为依托。我们组建了由校长领衔、各学科组长牵头、130 余名学科教师为主体的研究共同体，与北京市海淀区教育科学研究院合作开展全学科阅读研究。在具体实施上，主要采取了如下措施：

（一）开展全学科阅读现状调查，明确推进着力点

2019 年年初，我们通过对 13 个课题组教师的访谈和问卷调研（共回收 123 份问卷，各学科组人数的 50% 及以上），了解本校及教育集团内各校区学科阅读的实施现状，以及教师开展学科阅读教学的已有策略及现实困难。在访谈中我们发现，各学科组教师对学科阅读的认同度高达 90%，且都搜集了一定的学科阅读材料并融入日常教学。但

在实施过程中也遇到了一些困难:一是学科阅读资源相对缺乏,使用的阅读材料知识化严重,不能满足核心素养培育和中高考改革要求;二是阅读效果评价亟待加强;三是学科阅读教学指导策略有待凝练固化。

(二)开展全学科阅读资源建设,优化学生学习资源

各学科教师以学科组为单位开展资源建设,根据课标要求和教学实际搜集整理优质资源,编写出版《中学学科阅读指导丛书》(12册),为全学科阅读教育教学实践提供依托和载体。当然,我们的学科阅读资源并不限于本套丛书,而是以教材阅读为起点,以拓展性阅读篇目及书目阅读为核心,以寒暑假阅读书单为补充的多元体系。

首先,教材阅读是全学科阅读的必要组成部分。全学科阅读在教材阅读的前提下开展,比如,数学学科围绕教材开展教材阅读、数学史及拓展阅读、考试阅读型题目阅读。

其次,在教材阅读的基础上,以丛书中1000余篇拓展性阅读篇目和50余本学科经典著作作为拓展,以激发学生的学习兴趣,帮助学生把握学科思想。各学科按照教材单元或主题推介优质阅读篇目,旨在提供教材学习案例,对重难点进行补充或拓展相关课外知识等,注重题材的科学性、典型性、真实性、趣味性。

各学科还推介了50本学科领域的经典名著。比如,化学学科推荐了《科学的旅程》《元素生活》《迷人的材料》《大学基础化学》等,其中《元素生活》就是对化学元素的漫画式表达,让学生手不释卷。历史学科推荐了《国史大纲》《万历十五年》《西洋史》等。这些名著有意义且有意思,兼具科学性和趣味性,让学生感知学科魅力,把握学科思想。

再次,以初、高中推荐阅读书单为补充,引导学生进行创意表达与写作。学校研发了初、高中推荐书单,包括《所罗门王的指环》等22本书籍。非毕业年级学生可以从中选择感兴趣的在寒暑假或课外阅

读,阅读后撰写读后感或书评。

(三)开展全学科阅读教学实践,探索有效的阅读指导策略

丛书编写完成后,各学科组开展了广泛的教学实践和观摩研讨,先后推出了57节研究课,探索出一系列学科特有及一般通用性阅读指导策略,充分彰显了教育教学的实践智慧和创新活力。

有些阅读指导策略具有鲜明的学科特色,比如,数学学科的"新定义阅读",历史学科的"三次序材料阅读",英语学科的"文学圈"阅读等。有些则是一般通用性策略,比如,情境创设式、任务驱动式、问题解决式等,鲜明体现了新课改的理念和精神。情境创设式阅读指导策略重在创造真实而具有持续性的情境,让学生在亲历中体悟表达。政治组教师李杰在讲授传统义利观时,给学生提供了两段情境化阅读材料:一是北京义利食品公司始终秉持"先义后利,薄利厚义"的原则经营;二是丰巢公司对滞留物品收费遭遇"封柜"风波。这两种情境都取自学生熟悉的生活。经过初步讨论后,学生分别扮演公司负责人、国家邮政总局相关领导、消费者接受记者采访,最终在换位思考中找到合理的解决方法。这种情境创设真实持续,而且有情境复现体验,收到了良好的教学效果。

另外,我们还通过课例分析提炼形成了《学科阅读备课指导(7条)》《全学科阅读教学关注主题及细目》等阶段性成果。例如,全学科阅读教学需要关注阅读材料的选择、阅读环节的设置、阅读材料的使用三个主题,在阅读环节的设置主题下,有选择阅读材料发放时机与合理安排课堂阅读量两个细目,在合理安排课堂阅读量下又分为文史类与非文史类。一般而言,文史类学科阅读量较大,非文史类学科阅读量较小,以1000字以内为宜。这些都在教师的教学实践中得到了验证。

(四)开展全学科阅读效果评价,研发过程性评价工具

阅读评价是教师学科阅读指导能力的基本要素,可以帮助教师掌

握教学实施的效果,也利于学生对自己的阅读进行过程监控,更好进行自主阅读。我们在综合分析 PIRLS 等国际测评项目的基础上,结合学生阅读的外显行为和内在认知,将阅读能力分解为信息提取、整体感知、解释说明、推理判断、反思评价、创新应用六个要素,以之作为一级维度,每个维度又细化为代表不同发展水平的若干二级指标,构建了阅读能力评价的基本框架,成为学生自我评价的重要参考。例如,创新应用维度包含如下三个不同层级:能够基于文本信息,在内容方面做相应补充、拓展和发散;能够结合自身经验和生活实际,将文本内容迁移应用到相关学科和领域,以解决新的问题;能够在文本的基础上,创新出新的关联内容、形式和作品。

另外,我们还结合教师的教学实践,开发了《一零一中学科阅读研究课课堂观察量表》《一零一中全学科阅读学生自评表》《一零一中单元学习过程性评价表》等一系列量表,这些量表既是结果评价,更是学习引导,为学生的阅读学习提供"脚手架"或"导航仪"。

二、全学科阅读实践取得明显成效

(一)学生学科学习兴趣增强,学科素养提升,学习方式发生显著改变

首先,从显性的层面来看,学生的课内外阅读数量和质量显著提升。2020 年寒假,各学科组给学生推荐阅读书籍并要求任选一本撰写书评或读后感。各学科组共收集学生作品 140 篇。初二(8)班学生赵梓翔在《原来数学可以这样学》读后感中写道:"通过阅读这本书,我认识到学好数学的意义绝不在于考高分。数学是可以让我们在不占有任何实物、不参与任何竞争的情况下去获得精神世界更高层次享受的一门学问。"高二(10)班学生郝奕佳在《地球用岩石写日记》书评中写道:"此书之不凡之处,在于以精妙的比喻阐释人与自然的关系,不仅可以让人提升地理专业知识,更重要

的是从全新的视角审视物种与自然,加深对世界及自身局限的认识。"

通过阅读,学生与学科学习建立了更密切的联系,理解了学科价值,把握了学科思想,感受到了学科魅力。可见,学科阅读不只是单纯培养阅读习惯,提升阅读能力,更重要的是让学生产生学科学习与研究的兴趣和动力,最终指向核心素养的培育。

跨学科集体阅读活动

(二)教师学科阅读指导意识和能力增强,指导策略凸显学生自主学习,日常教学逐步"从教走向学"

从教师层面来看,学科阅读教学成为各学科教师的思想共识及行为导向。学科阅读资源建设显著提升了教师的专业阅读量,在大量阅读材料的筛选及编写中更深入理解和把握了学科本质,而且读本编写过程本身就是梳理实践经验、转化提质的研究过程,教师的教育研究能力显著提升。教师还及时将自己的实践反思转化成文,先后发表论文十余篇。

综上可见，北京一零一中的全学科阅读实践取得了较为突出的成效，引发了教与学方式的转变，促进了学校育人方式的变革。今后，我们将进一步加强全学科阅读评价研究及跨学科阅读课程的实践，进一步凸显新课程改革的综合育人导向，以期惠及更多的学校和师生。

附录篇　　媒体专访

站在教育迭代的节点上办教育

北京一零一中位于闻名于世的皇家园林圆明园的一隅。当年周恩来总理亲自为其选定校址,郭沫若亲笔题写了校名,意为"百尺竿头,更进一步"。这里,一年四季美不胜收。

美丽校园

春始,道路旁梨花、桃花吐蕊怒放;仲夏,湖面上荷花擎举;秋日,梧桐下书声琅琅;冬至,雪中松柏傲然而立。两年前,陆云泉接任北京一零一中的校长一职,再次与这所美丽的校园朝夕相伴,他把全部的教育情怀都播撒在这片土地上,投入办学实践中。

一、要扎根中国大地办自信的基础教育

2005年,陆云泉由无锡北上,选择北京一零一中作为到京任教的第一所学校。而内心始终无法割舍的一线教育情结,令他在阔别此地

八载后主动回归。接任校长一职的陆云泉并不急着大刀阔斧推进改革,"上一任校长郭涵在办学时极少谈教育的创新,她常常提'守正出新',我深以为然"。面对采访,陆云泉没有从个人经历谈起,而是向记者讲述了北京一零一中的校史。

陆云泉认为,有厚重历史学校的办学理念不应因校长的更替而轻易改变,办学首先要做的是传承。陆云泉守正的底气正是源于对北京一零一中办学传统的自信。"一零一中学1946年由中国共产党创办于晋察冀军区首府张家口迁入北京的唯一一所中学。北京一零一中学的校史石上红色路线曲折蜿蜒,红色基因已经深深融入了学校血脉。牢记党的光荣历史、发扬革命优良传统,扎根中国大地办教育,这就是我们的'守正'。"陆云泉说。

教育不需要暴风骤雨的改革,而是要让土壤下的根茎抓得更深更实。陆云泉认为,现在有些人的眼睛盯着教育的不足,将中国的基础教育批得一无是处。"办中国的教育,一定要有我们自己的自信。在全球开放的环境下,对中国的基础教育要客观评价,要相信我们能够对标国际办出一流的名校。"陆云泉很坚定。

北京一零一中的教育底色是红色的,一代代教育人创造和积淀的育人精神,也在一代代校长的办学实践中得以传承和发扬。建校初期,学校就明确了以学生的全面发展为培养目标,尤其强调劳动教育,将"教育与生产劳动相结合"的理念始终贯穿于学校的办学实践。20世纪50年代,学生到汽车修理厂、煤矿、工地、牛圈参与生产劳动,参加各种社团活动。这种育人模式培养了学生乐观自信的性格和创新创造的能力。"人民音乐家""改革先锋"施光南是北京一零一中57届校友,他在给母校的信中写道:"我是在中学确立搞音乐志向的,学校的文艺社团给了我很多影响。在一零一的实践教育增强了我作曲的信心,因此走上了作曲的道路。"提及北京一零一中的校友,陆云泉神情难掩骄傲。74年过去了,这里走出了四万多名毕业生,涌现了大批学者、科学家、艺术家、社会管理者和军队高级将领。学校将劳动教育延续至今,将实践作为学生成长中的必修课,培养大气、大雅、大才的学生。

二、教育治理要目中有"人"

陶行知曾说过，校长是一个学校的灵魂。梳理陆云泉 36 年的教育职业生涯，从南到北，从教、从政、治校的身份在履历上反复叠加。这也使得陆云泉能站在更广阔的视野和高度来看教育治理。在他看来，企业的管理思路可以为教育治理打开另一扇窗。"管理，简单地说就是'目中有人'。企业存在的唯一目标是客户，学校治理一定是'学生为本'。因此，办学时要在'人'上花更多的心思，切不可怎么方便怎么来，图省事一刀切。"陆云泉说。

在他心里，无论为教育投入多少，只要是为了学生的成长，都是值得的。陆云泉笑言，从厕所的干净与否、食堂的饭好不好吃就可窥见一所学校办学水平的高低。基于此，在办学的过程中，陆云泉时刻想着师生的体验和获得。校园不仅要栽满花木，开放草坪，让学生尽情地玩耍，触摸自然之美；还要种下能结果的树，让学生们感受秋收的喜悦。

陆云泉认为，校长的专业程度代表了一所学校的治理水平，但现实中，校长通常从任课老师起步，成长路径靠自己逐步摸索，然而教学水平并不能体现办学能力，只懂管理却对教育教学一无所知的人也当不好校长。在陆云泉眼中，既在某个方面是"教育家"，还要有丰富的理论和实践经验才是好校长。他感叹，基础教育领域里，这样的好校长远远比好老师难找。

教育供给侧结构性改革步入深水区，然而对"人财物"的限制，仍然令诸多校长感到办学"束手束脚"。陆云泉表示，学校不是政府部门中的一个机构，它是独立的，是教育最基础的"细胞"。要从根本上破除制度瓶颈，给校长充分的办学自主权，从而激发校长和学校的创造性和活力。学校治理如同求医问药，要遵循科学性的原则，"一校一方"，而不是一剂"通用方"包治天下。

2019年5月,北京一零一中的K12教育集团成立。在首届集团年会上,陆云泉深刻地指出:"整个教育系统迭代的时刻已经到来,全世界的学校正在进化,如果我们错过了这个迭代,就会错过一个时代。"

北京一零一中教育集团首届教育教学年会

在新的历史方位上,北京一零一中教育集团如何进化,阔步迈出"百尺竿头"?关键是满足社会对优质教育的期待。陆云泉认为,要从制度这一根本入手,推进学校治理现代化。为此,北京一零一中破除传统的校长中心化的单向管理模式,建立现代学校集团化管理制度,组建"学校发展中心、教师发展中心、学生发展中心、课程教学中心、国际教育中心、后勤保障中心"六大管理中心,形成矩阵式的管理架构,从集团资源配置、管理机制、师资调配、教师培训、质量评价、学生培养六个维度实现"一体化"办学。

教育集团中有优质校、普通校甚至边远地区的薄弱校,"六个中心"的顶层设计、优化的管理架构保证了全教育集团"一盘棋",让每一所学校成为老百姓家门口的好学校。同时,陆云泉强调要"各美其美"——各个校区都要有执行校长或者法人校长,保持独立办学的个性。

陆云泉认为,学校的办学理念和办学思想,不是写在纸上、贴在墙上,而是要根植于全校每一位教育工作者心中,凝聚成学校发展的共同愿景。他告诉记者,六大中心的主任由6个校级干部担任,统筹调配各校区资源,各个校区有执行校长或法人校长。六大中心主任及各校区校长共同组成校务委员会,两周召开一次会议。各管理中心每周开一次行政会。以微观民主凝聚学校教育形态扎实推进教干团队建设。

在学生管理方面,陆云泉认为,治理不是居高临下的命令,而是以平等和尊重唤起学生的认同。学校成立了校学生会,作为沟通校方和学生的直接渠道。每学期的校长接待日,学生代表与校领导围桌而坐,当面对学校各项事务"发问"。记者发现,在关乎北京一零一中的每一件事情上,都有学生的身影,如票选校服款式、为羊驼征名……在北京一零一中,近百个学生艺术社团纳新、发展以及各类大型活动全部由学生一手操办。对学校建设的深度参与,培养了学生的社会责任感。

学生们关心"家事",更心系"国事""天下事"。学生的主人翁意识充盈校园,并在广阔的社会田野上萌芽。陆云泉认为,教育要从生活中来,到生活中去。模拟政协活动上,学生们一份份源于生活、基于调研的提案为社会发展建言献策,提案还被陆云泉带到北京市海淀区政协会议现场。一份有关建立高中生职业体验基地建议的提案在正式立案后,得到了海淀教委的答复。普普通通的中学生也成了社会改善的建设性力量。

三、在"生态智慧"的环境中唤醒生命

校园的一花一木在廓大的空间中与师生畅快呼吸,滋养着生命的勃发和精神天地的葱茏。陆云泉认为,人的学养和环境息息相关,在校园的生态环境之外,还有课堂的生态环境。课堂是建构生命成长和智慧生成的场域,兼具生态和智慧双重属性。课堂的生态属性是尊重、唤醒、激励和发展生命,课堂要营造一个生命自觉投入学习的生态环

境，师生彼此尊重，自由和谐，圆融共生。

陆云泉的发言中常常出现"智慧"一词。他认为，中国的汉字很有深意，生活中，人们常夸孩子"聪明"但很少说"智慧"，评价某钻空子、走捷径的孩子是"小聪明"。陆云泉更在意培养学生的头脑智慧和宏大格局。课堂的智慧属性是要求课堂要激发个体生命潜能，唤醒生命智慧，提升思维品质，丰富情感体验，培养健全人格。为此，北京一零一中开展了指向生态智慧课堂的学科模型建构，形成每门学科的生活场、思维场、情感场和生命场四个场域。通过课程，塑造学生的生态观、生活观和生命观。

"智慧"放大了学生的格局，也提升了教育的格局。当教育界还在如火如荼地讨论智能时代、未来教育等命题时，在陆云泉引领下，人工智能环境下的生态智慧教育蓝图正在北京一零一中逐步变为现实。陆云泉认为，社会产品已从大众化、标准化走向私人订制，教育也不能千篇一律。学生之间差异很大，不可一把标尺衡量所有人，最好的教育是因材施教。因此，教育要和技术融合，为学生提供更丰富、更优质、可供选择的、更加个性化的教育产品。同时，他强调，智慧校园的远景是线上线下融合，线下教育永远不可能被取代，因为人的社会性决定同伴和外界环境在教育中不可或缺。

陆云泉认为，教育改革的终极目标不是均衡而是优质，要看到学生的个性，尊重学生的个性，更要有意识地培养学生的个性。因此，在公平均衡的前提下，要为拔尖学生提供更多的选择，让他们脱颖而出。陆云泉将眼光向外，他看到，整个社会前所未有地重视教育，对教育的投入持续增加，因此学校不应成为封闭的象牙塔。他向高校科研院所伸出橄榄枝，北京理工大学"创新实践基地"落户北京一零一中，与同济大学合作"苗圃计划"……对陆云泉来说，社会力量要"不求所有，但求所用"。基础教育开展科研项目不是装点学校门面，更不是往学生履历上贴金，其根本目的在于点燃学生的学习兴趣，进而发展成志向。

"国势之强由于人，人材之成出于学。"创新人才培养模式，创新人才才能不断涌现。在此思想引领下,旨在挖掘学生潜力的"英才学院"横空出世。英才学院由国内最高水平的专家和院士领衔创建实验室,采取"团队带团队"的教学形式,培养学生的科研创新能力。团队构成打破学生年级、学段、学习时间段等区分,根据不同水平重新组合,依据特色单元重新划分。集团内小学生有机会直接参加初中生的数学、物理、化学、生物、信息学五大学科兴趣小组,而初中生也可以通过申请和考核加入高中生的团队中。

人才培养的思路要拓宽,教师专业发展的理念也要更新。近几年,越来越多的名校、高学历学生就业时选择中小学教师,给教师队伍注入了新鲜血液。陆云泉敏锐地察觉到这一点。他指出,现阶段基础教育教师的职业发展培养有缺陷。他进一步解释道,新教师具备很高的学历层次和知识水平,但需要从老教师身上汲取教学经验。不过,讲台下听课的学生已经从"90后""80后"过渡到"00后""05后"互联网原住民,老教师需要也加强学习,升级教学经验。

在新教师的专业发展路径上,陆云泉从"三喻文化"中得到启发。20世纪美国人类学家玛格丽特·米德提出"三喻文化",长辈向晚辈传授知识经验的前喻文化,晚辈向长辈传授知识经验的后喻文化,长辈和晚辈的学习都发生在同辈人之间的同喻文化。北京一零一中改进了传统"师带徒"模式,让老教师、同辈教师及后辈教师在一个团队中发挥各自的作用:名师带领青年骨干教师,并吸收优秀职初教师,共同组成项目组,围绕项目组确定的主题开展为期1~2年的研究。团队中前辈引领,同辈互助,后辈反哺。同时,吸收学生力量与老师共同开展课题,组成了"学习共同体"和"成长共同体",实现教学相长。

课题研究实现了教师教学水平、科研水平和知识能力结构的多层次提升,中青年教师发展势头强劲,又激发了老教师的求知欲,打破了他们的职业倦怠。一次会议结束后,陆云泉收到了一条信息,一位50多岁的政治教师写道:"我本想等个几年就退休。一看到咱们学校的青年教师都这么优秀，还很有想法，我还能继续在教书育人岗位上干下去。"

　　真实的教育，外在生动却不躁动，而内在往往是沉静有力的。在北京一零一中，似乎每个角落都蕴含着这样安静的教育力量。陆云泉坚信，适合的教育就是最好的教育。因此，这里的一切生命都得以自由、朝气蓬勃地向阳而生。岁月江河，时间奔涌，他从容前行，回应着教育本真的呼唤。

最好的教育就是适合的教育

2018年9月,一则"走马换将"的消息在京城引起了不小的震动,北京市海淀区教委主任陆云泉辞去主任职务,回到北京一零一中当校长了。一所中学或者一个教育集团的吸引力为什么会有这么大呢?陆云泉,这位数学特级教师,原北京一零一中副校长、北京理工大学附属中学校长,从学校走到教育行政岗位,又从教育行政岗位选择回到学校,到底是怎么想的呢?他去了北京一零一中后,又有什么样的办学理念、"施政纲领"?近日,本刊记者采访了这位"新"任校长。

一、没有教育的理想,就不可能有理想的教育

人民教育:您在担任北京一零一中校长前做了三年半的北京市海淀区教委主任。从教委重新回到熟悉的校园,您最大的体会是什么?

陆云泉:我是从学校出发到教委再回到学校,实际上走了一个闭环。最大的感受是:学校是最适合做教育的地方。当然,做区教委主任的经历对于回过头来办学校肯定是有益的。以前理解的教育只是点上的,只考虑一所学校,现在能够从面上、整体上、战略上去思考,也更理解党和政府对教育改革的宏观布局,更有大局观了。也看到了教育的多种形态,理解了最好的教育就是适合的教育。

为什么教育需要多种形态呢?因为人是有多种形态的,教育的根本目的是为了人的发展。陶行知先生说,"教育即生活,生活即教育"。每个人都是独一无二的生命个体。生活本身也应该是丰富多彩的。人的全面发展是教育的目标,生活是教育的重要主题,关键是教育怎么与学生生活进行对接,我认为素质教育解决的就是这个问题。

在我看来，教育第一个要遵循的原则就是"中庸"。"中庸"的意思是不偏不倚，把握好分寸。比如一项教育改革，在推进前一定要进行风险评估和顶层设计。因为学生不是我们的实验品，教育发展要稳步推进。我们学校有两个风筝的雕塑，一个是红色，一个是蓝色，分别代表男孩和女孩，这个风筝的雕塑叫"放飞梦想"。风筝是我校承办2008奥运会青年营的标志。我经常用放风筝来比喻做教育。想要放好风筝，一是我们心中要有天空，天空就是我们对教育的梦想或者理想。我觉得做教育的人应该有一点理想主义，不能太现实，没有教育的理想，就不可能有理想的教育。因为教育是面向未来的。教育既要关注当下，也要关注未来。只关注未来，有可能走向务虚；只关注当下，就有可能变成应试教育了，比较短视。中庸就是要在当下和未来之间找到一个平衡点。二是我们眼中要有目标，放风筝肯定要看着风筝。对应的，教育的目标就是人，我们要"目中有人"，而不是说只看到分数。三是我们手中要有分寸，想要风筝飞得高，手中的线应该是一紧一松的，紧一紧再放一放。太紧了风筝容易掉下来，太松了就飞出去了。这个分寸我认为就是教育规律。四是我们脚下要有大地。放风筝如果不注意脚下的话，一脚踩空了，不就摔了吗？这个大地指的是做教育要扎扎实实，一步一个脚印。

我们经常听到呼吁，要回到教育的原点。教育的原点到底是什么？我认为很简单，就是一个字——"人"。人实际上有三种角色。第一，人是生物学意义上的生命个体，因此我们要关注人的身心健康。第二，人是群居动物，具有社会属性，需要合作、融合、沟通、交流，需要遵守这个社会制定的各种规则。因此，我们要教会学生与人合作、沟通，引导学生遵守规则。第三，人是生产力。人类要推动社会的发展，需要某种技术或能力。因此，学校要教学生知识与能力，也包括创造性。

从人这样一个原点出发，去思考适合我们的办学理念，以及选择与学生发展目标相一致的教育方式。

二、大美的校园应该培养大气、大才、大雅的学生

人民教育：您当过优质高中的校长，也兼任过薄弱学校的校长，在担任区教委主任期间也去过各种类型的学校，您认为什么样的教育是好的教育？

陆云泉：好的教育，我的理解应该是为学生选择适合的教育，而不应该是为教育去选择学生。对学生个体来说，适合他的教育就是最好的教育。

从大的方面来说，什么是好的教育？我首先想到的是"生态"。讲到"生态"两个字的时候，我脑子里跳出来的第一个词是"绿色"。绿色意味着可持续发展，我们要关注学生的生命，关注学生的可持续发展。

第二个词是"多元"。我们校园里既有参天大树，也有灌木、小草、鲜花。只要这个生命是非常健康地盛开、成长，都是很可贵的。所以，我们并不是要把每一个学生都培养成清华北大学子。社会是多元的，因此社会对人才的需求也是多元的。这就需要我们对"好学生"或者说"每个学生都成功"进行重新定义。我认为，成功的定义是每个人达到有意义的既定目标。作为教师，我们首先要指导学生确立一个有意义的既定目标，然后去指导他、帮助他实现这样一个目标。人的发展是不可想象的。阿里巴巴总裁马云上学的时候成绩一般，谁能想到他会成为一个成功的企业家。所以，我们不能小看学校里、班级里的每一个孩子。每个人都有这样发展的可能性，教育要做的就是让这种可能性实现。所以作为教师，首先要关爱我们的每一个学生。北京一零一中有一个特别好的地方就是师生关系非常亲密。学生可以随便进校长室，有事随时可以与校长商量获得帮助。其次，我们不能只用学业成绩来评价学生。一些学生的成绩可能不怎么好，但是在学校里很开心，与同学相处得很愉快，特别具有包容性，或者在某一个方面很擅长，他们同样是有发展前途的好学生。

我在北京一零一中当教师的时候,有一个学生现在还不到30岁,创办了西少爷互联网餐饮企业,在北京开了很多分店。当时就是因为学校里举办的一次活动点燃了他的创业梦想,所以大学毕业后就自己创业。但是,这个学生在上学时数学并不很好。另外一个学生是我的数学课代表,他是英国帝国理工大学博士后,现在在一家科研院所当研究员。这两个学生哪个更成功?我认为都很成功,因为他们都对社会有贡献。

第三个词是"开放"。一个好的环境应该是开放的。我们学校具有得天独厚的条件,是一所园林学校,我们把校园里道路旁的绿篱拆了,开放给孩子们,让他们能够站到树底下,能够触碰到校园里的植物、动物。

校园内学生和小动物和谐相处

学校的教育也应该是开放的,学生要能更多地接触社会。现在这个时代是分享时代,是共享经济时代,学校应该想方设法调动外部资源。北京一零一中有一个温泉校区,建校时间不长。学校大门对面就是区政府建设的北部文体中心,有电影院、图书馆、体育场,非常难得。学校主动与文体中心对接,让我们的学生定期到这个公共图书馆借书,享用体育中心游泳馆等公共资源。但开放也是相互的,学校也要对外开放。比如北京一零一中的设备设施也可以提供给海淀区举行活动使用。这种分享、开放的办学理念也在不经意间教给学生"大气"。大美的校园应该培养大气、大才、大雅的学生。因为一个人的视野决定了一个人的格局,格局决定了这个人的命运。一个没有大情怀、大格局的人也成不了大事业。环境对人的性格有着深远的影响。

我们学校有三个论坛。一是学生论坛,每周由学生来讲、学生来听,也有教师来听。二是教师论坛,定期举行,主题不限。三是名家论坛,我们邀请各行业各领域的名家大家来给学生讲宇宙,讲人工智能,讲国家战略,其中不乏教授、院士和诺贝尔奖获得者。在这当中,学生不一定能够学到多少知识,但能够打开视野、拓展格局。有大格局才能有大智慧。我们希望北京一零一中的学生有大智慧大格局,有丰富高贵的灵魂,有国家意识,有家国情怀,能为民族担当,为未来担当,这很重要。

诺贝尔化学奖得主阿龙·切哈诺沃为师生作报告

我们学校建在圆明园里,这是一个国家民族创伤的地方。每年的成人仪式我们都是在圆明园举行。只要站在这个地方,不用说话,学生就能体会当时中华民族落后挨打的屈辱感,体悟如果连国家都没有了,个体也不会幸福的道理,所以培养学生家国情怀、为国担当是我们特别重视的培养目标。

三、学科阅读的意义在于解决学生"为什么学"的问题

人民教育：学校目前在课程方面有什么设想吗？

陆云泉：课程正在不断深化完善中。一是做好国家课程的校本化实施。我们把重点放在"减负"上。"减负"的关键是提高学习效率。同样一道题目，一个学生可能10分钟就做出来了，另一个学生可能用一个小时都做不出来。所以，即使只布置一道题目，对有的学生还是负担，关键是提高作业的针对性。为此，我们正在研发适合学生的学习资料。

二是关于学科阅读。除了语文阅读，我们还应该有数学阅读、物理阅读、生物阅读等。有的学生数学没考好，总是归于审题不清，审题不清其实就是没有理解题目，说到底就是阅读能力的问题。目前大多数国内学校对学科阅读没有给予足够的重视，学科阅读的载体、素材都很缺乏，这个领域基本上是空白。

学科阅读最重要的是能够培养学生的学习兴趣。我是数学教师出身，以前开选修课的时候，会先跟学生介绍什么是数学。我说数学首先是艺术、是文化，数学学科的历史是最悠久的，音乐还是从数学里面出来的，数学本身就是哲学。其实，关于数学学科的阅读素材比较多。如果教师能在某一个小故事上激发学生兴趣的话，可能会让学生喜欢上这个学科，这对学生的影响是一辈子的。学科阅读的意义就在这里。学科阅读不需要太深奥，但是要很有趣，而且材料里面关于学科的核心素养、思想性要很强，这些内容编出来学生是喜欢看的。

人民教育：学科阅读能够帮助学生解决一个普遍的困惑：为什么要学习这个学科？这个问题很重要。其实也是在告诉学生，不是因为你要考试才去学它，学科本身有它自己诞生的历史、有自身独特的魅力。

陆云泉：对。学科阅读也与"减负"有关。喜欢弹钢琴的孩子可能弹一天都不觉得累，不喜欢弹钢琴的孩子几分钟都坐不住，所以负

担与量没有直接的正相关，但与兴趣成正相关。从这个角度来讲，我们希望通过国家课程校本化的实施，能够提高学生的学习兴趣，有了兴趣学生就会喜欢学。下一步我们要建立学科团队，把学科阅读专门作为一个项目来做。哪些内容适合学生阅读，这是需要教师先去研究的，这个过程也会引导教师对自己学科的核心素养加以提炼、深化理解。学科阅读读本编出来后，教师也会非常有成就感。

四、教师发展，打破原来一般意义上的师带徒

人民教育：北京一零一中是如何推动教师专业发展的？

陆云泉：我认为，现在教师专业发展跟原来不一样了。以前，教师专业发展基本上采取师带徒，即老教师带新教师、优秀教师带徒弟这种方式。现在时代变了，老教师有成功的经验，但他们面对的是当时那个时代的学生，而现在学校的学生是"05后"了。所以，用老教师的成功经验教育现在的学生是否还合适？值得思考。客观来说，有部分老教师比较守旧，他们接受的新东西未必比现在的年轻教师多。

我们学校开发了一个链式培训项目，这个项目里有特级教师、教研组长、老教师、中年教师、青年教师，项目组长不是"资深教师"，而是一位青年教师。那么，老教师的工作是什么？就是在青年教师的实践过程中可能会出问题的地方给予提醒。

前两周，我参加化学组的一个关于生态智慧课堂的教研活动。当时发言的是三位青年教师，他们都毕业还不到三年，但都具有硕士博士学历。第一位教师介绍了化学学科生态智慧课堂的结构模型，模型图非常漂亮，而且是自己在电脑上画的。这样一个青年教师学科基础好，表达力、逻辑性很强，又具有绘画功底，艺术素养也不错，经过几年培训一定会成为非常棒的老师。第二、第三个青年教师讲的是在这个模型下如何上好一堂课，也非常精彩。发言结束后，化学组的中老年教师就一起围绕这些课题去研讨，我觉得这个氛围特别好。我们在尝试打破原来一般意义上的师带徒，努力用项目推动教师培训。当

然，像"青蓝工程"这些传统的教师培训我们没有否定，而是在延续传统的过程中加上一些新东西，这些新东西可能对老教师来说比较新鲜，也可以防止老教师职业倦怠。

人民教育：这其实是形成一个学习共同体，新老教师互动、相互学习，而不是单向学习。老教师有自己的特长、经验，可以为青年教师提供参考；青年教师有活力、有创新，也带来了新的知识。

陆云泉：对。未来我们学校应该是有若干个实验室和项目组，现在教师与学生也形成了一个学习共同体，比如学校航天项目组的学生是跨年级、跨学段的，这个课程本身是跨学科的，负责的教师也涵盖老、中、青以及各个学科，这本身也涉及教师的一个链式培训项目。现在都讲智能互联，学校的整体组织架构、课程建设和管理实施都可以借用智能互联时代的这样一种方式，逐渐打破某一种固化的模式。

北京一零一中现在是一校多址。从近远期来看，学校应该是一个大的集团，"集团化办学"是学校可以预期的发展目标。未来，我们会贯穿 K12 教育，从幼儿园、小学、初中到高中，也包括国际教育。北京一零一中已经成为国内的一所名校，但与国际名校还有差距。我们将学校的发展定位于全球视野，要有家国情怀和世界眼光，既要扎根中国大地办教育，又要有国际一流的教育理念、一流的课程体系、一流的教师队伍、一流的管理水平和一流的教育质量。

人民教育：管理是一项充满大智慧的工作。我们也期待北京一零一中在您的带领下，有更大的发展！谢谢您接受我们的采访。

信息技术赋能教育,生态智慧引领未来

4月21日,2022年北京市数字教育工作推进会暨北京一零一中现场会召开。作为首都学校数字校园建设的先行者,北京一零一中在用新思路、新技术推动数字校园建设的集成创新、迭代发展上,都有哪些领先性探索与实践呢?

本期,我们对话执掌北京一零一中教育集团总校校长陆云泉,对北京一零一中"智慧、开放、共享、生态"数字教育理念的落地进行深度报道。陆云泉,这位从江苏被"挖"到北京的数学特级教师,每一次的人生履历更新都备受瞩目。曾作为教委主任主政过教育高地海淀的他,2018年再次回到北京一零一中,不到5年的时间,就为这所拥有16个校区和分校,涵盖了幼儿园、小学、初中、高中的"航母"式学校再次注入活力,通过一系列创新探索,让我们看到了技术赋能教育具备现实可能,建设教育信息化的"未来学校"前景在望。

一、做好顶层设计，实施项目推动

记者：北京一零一中数字教育的目标是什么？围绕这个目标有哪些设计和实施路径？

陆云泉：北京一零一中数字教育的目标确定了四个关键词：智慧、开放、共享、生态。在具体实施过程中，我们抓住五个关键要素：精准多元的教学方式，泛在灵动的学习途径，丰富共享的资源生态，联动便捷的管理服务，全面个性的评价方式。

在这个过程中特别注重"两大融合"和"六个发力点"。所谓两大融合，一是生态和智慧深度的融合，我们认为教育是一个生态，特别是在数字教育或者信息技术与教育教学整合过程中，要搭建一个数字教育的生态；二是信息技术与教育教学的深度融合。所谓的六个发力点包括：教与学方式、教学管理、教师研修、教学评价、教育资源、师生服务的生态智慧化。我们希望通过将信息技术引入教育教学过程中，能够充分地减负增效，特别是要减轻教师的一些过重负担。

北京一零一中作为 K12 的教育集团，在海淀区、怀柔区、大兴区均有分校或者校区。我们首先要做的是在圆明园本校区，建立教育信息化的技术标准、资源标准、教学标准、课程标准和管理标准，等有了标准以后我们才能够把资源的瓶颈打通。北京一零一中的生态智慧教育平台建立后，把这样一个标准化的模式和平台复制到其他的分校和校区，我们就可以对接或者是输出到无数个学校，也可以为其他地区的教育优质均衡发展做出自己的贡献。

记者：在您重新接管北京一零一中这所学校之后，学校的数字教育项目推进的链条是什么样的？

陆云泉：我们有一个大的顶层设计。2018 年 4 月，教育部推出了《教育信息化 2.0 行动计划》，也是基于这个计划，我们在 2018 年 9 月启动北京一零一中的数字化校园建设。2019 年 5 月 19 日，海淀区政府发布《关于加快中关村科学城人工智能创新引领发展的十五条措施》，并推出首批 17 个科技应用场景建设项目，北京一零一中承建智慧教育应用场景；2019 年年底，新冠肺炎疫情首次出现，正因为未来学校区级试点项目落地，我们有一个比较完善的思考和准备工作，2020 年 3 月我们从容地应对了教育部"停课不停学"的号召。在这个过程中，学校与中国教育智库网合作成立了"未来智慧校园研究中心"，每一年都有具体项目在推动。

2021 年 7 月，党中央、国务院推出了"双减"工作，在"双减"背景之下我们又确立了北京一零一中智慧学习的模式，通过技术的手段进一步做好减负增效的工作。在项目不断推进过程中，2021 年 12 月，与上海同济大学一起申请了"国家自然科学基金"，内容是与大学智慧衔接的动态学生画像和智能学业规划。通过大数据能够精准地、比较科学地描述不同学生在整个基础教育阶段的学习过程，特别是高中与大学衔接的过程中，通过数字画像帮助学生做好自己的职业、生涯规划。

同样，在 2022 年 3 月，我们又确立了北京市规划办的课题"'双减'政策背景下高质量作业的设计和实施的研究"，我们希望在工作中、在实践中去总结和提炼，通过科研项目的推动，调动所有教师和学生的参与积极性。

二、师生全面参与，落实场景建设

记者：除了顶层设计，项目推动的过程离不开学生和教师的支持和参与，学校是如何进行具体整合和规划的呢？

陆云泉：一是四驾马车，全面融入。实际上，信息技术的推进过程中会遇到很大的阻力，包括与科技公司的全面合作，我们是一个合作体，学校购买技术公司的产品，既是用户也是研发者，在这个过程中需要全面推进"四驾马车"。对于北京一零一中而言，我们把数字教育定位在整个人才培养体系当中。我们构建了人才培养体系的四大学院，包括鸿儒学院、英才学院、翔宇学院、GITD 学院。比如英才学院，注重的是学生科学素养、创新能力的培养，在英才学院里有混龄、跨学科、PBL等学习方式，我们希望在这里实现"五个一"的评价要求：搭建一个平台、开发一门课程、编写一个教学内容、锻炼一支团队、产出一批成果。

二是以学习者为中心，创造全新的学习场景。我们特别倡导的是以学习者为中心，学校应该是一个学习共同体，教师和学生共同学习，特别是在数字教育、信息化项目中，我们的教师可能不具备相关的一些知识和技能，也是需要学习的。比如，我们与北京理工大学合作的汽车智能制造的项目，是劳技课教师和大学教授共同参与，在这个过程中，我们的教师本身就是一个学习者，只有教师的学习能力提高了再去教学生的时候，才可能更进一步地提高教育质量。再比如，与四川大凉山昭觉中学进行的音乐互动双师课堂，我们各自发挥优势，北京的孩子可能对于民族音乐见得不多，大凉山彝族特有的文化和艺术的元素，开阔了他们的眼界。所以在这个过程中我们希望创造一种全新的学习场景，多场景融合，同时又是线上、线下互动的。

三是智慧校园的建设架构。其中包括智慧校园标准规范系统、智慧校园安全保障体系、智慧校园运维保障体系。智慧校园标准规范系统是整个架构的底层和标准，如果没有标准，很多内容将是零碎的，不能整合成一个系统。

四是北京一零一中"智慧校园"的突出特征。需要特别关注的是两个特征：技术特征和教育特征。

五是北京一零一中智慧校园应用场景矩阵式。这个矩阵从智慧的门户、智慧的管理、智慧的数据、智慧的教与学到整个环境建设。整个架构落地的应用场景之间是无缝衔接的，而在数据方面，因为一开始就建立了统一的标准，所以数据是可以共享的。

记者：北京一零一中"智慧校园"特征突出，尤其具备技术特征和教育特征，具体是什么样的呢？

陆云泉：技术特征里面我们关注七个方面。一是情境特征，技术不能是冰冷的，技术应该是越简单越好。我们不能把数字教育、智慧校园的建设搞得很复杂，这样学生和教师一定会抵触。所以一定要有一个情境感知，就是要有一种体验感。二是无缝连接，包括作业、上课、评价各方面，通过一个场景都可以解决，而不需要来回切换到各种不同的场景。三是全向交互，包括师生之间、生生之间各个方面进行全向的交互。四是智能管控，不需要有太多的人为操作，否则一定会加重教师的负担，一旦教师的负担繁杂，这个事情一定不可持续。五是数字画像，多年来教育更多的是凭借经验，或主观判断和感觉，缺少精准的、科学的大数据，数字画像则弥补了这一点。六是按需推送，通过平台能够智能地按需推送，包括通过作业的精准数据画像，系统可以提供一份根据学生知识缺陷设计的作业，这个作业一定是跟其他同学不一样的。七是可视化，我们希望所有的东西都是可见的。

教育特征主要包含五个方面。一是信息技术与学科教学的深度融合，我们不能把信息技术仅仅当作工具，我们希望充分地把它融入进去。二是教育资源的无缝衔接和共享需要整合，不能让资源变成仓库。三是无处不在的、开放的按需学习，未来的课堂不一定是一个教室、几十张课桌椅，也可能大树下、小湖边，任何地方拿一个终端就能够按照需要随处学习。四是绿色高效的教育教学管理。五是基于大数据的科学分析和评价，这一点也是最难的。我们需要有一个比较客观的、精准的、科学的评价，这也是我们下一步要特别去研究的。

记者：智慧校园应用场景矩阵、无缝衔接、数据共享等，很好地解决了信息孤岛的问题，您能否举几个例子？

陆云泉：第一个应用场景是智慧门户。作为北京一零一中教育集团，我们有统一的门户网站，不同的校区点进去就进入不同校区的平台，所以我们确定了集团化办学品牌共生、文化共融。这是未来学校的门户网站，管理者、教师、家长、学生都有不同的账号对接。这里特别强调集团化办学的管理互通、资源共享，进去以后所有的资源都在这样一个平台上，未来如果要开放的话，只要给出账号，别的学校也可以很简单地共享我们学校的资源。

第二个应用场景是丰富资源的整合。北京一零一中办学多年，积累了很多丰富的资源,因为以往没有管理平台,这些资源没有起到很好的作用。现在通过平台数据整合后,原有的资源加上新生的资源,包括考试、作业等多种资源不断更迭,让这个资源库充满了生命力。比如整个备课的过程,后台可以打包作为数据留存,下次同样的备课可以先把备课资源调出来,在这个过程中,不仅是学习交流的过程,同时也是资源不断更新和迭代的过程。

第三个应用场景是线上线下。我们做的是 OMO,即所谓的线上融合线下,每位教师发一个智能终端,学生在家或者在学校也有一个智能终端,通过互联网进行了链接和整合,也就是课上和课下、线上和线下的有机融通。

第四个应用场景是直播课堂。我们平台随时可以搭建一个"教室",这个教室是无边界的,可以一个学生跟教师成为一个课堂;也可以几十位教师和几千名学生成为一个课堂,在这里都可以实时产生。目前疫情之下,学生和教师全部居家学习或者工作,都可以通过这个平台直播上课。因为疫情的原因带来师生的隔离,不会对教和学产生影响。

第五个应用场景是协同教研。我们希望通过科技赋能,使得资源共享、智慧共生,特别是在协同教研的时候每位教师都要贡献智慧。如果没有智能平台的话,每位教师贡献的智慧将无法沉淀,现在所有老师的发言、材料等资源都会全部呈现。"师本无火、相继而发光",资源之间的智慧碰撞,让不同校区的教师能够在统一的平台上进行教研,打破了地域的限制,大家能够感觉到在同一个空间里教研。特别是课程改革之后,学生选课走班,让教师同一时间集中的可能性也不大,所以这个平台发挥了很好的作用。

第六个应用场景是智慧管理。在整个校园的管理当中,操场上有鹰眼摄像头,四个鹰眼可以把操场上所有的学生都捕捉到,这样对学生体育锻炼的管理也比较轻松,鹰眼的捕捉替代了教师现场观察和学生的打卡。

三、科技赋能教育，智慧引领未来

记者：数字教育、智慧教育都是面向未来的。在整个数字化校园的建设过程中，特别是疫情和"双减"背景下，如何开展面向未来的教育、培养未来的人才？

陆云泉：我们的核心还是以信息化引领建构以学习者为中心的、全新的智慧教育生态。如用学生数字画像的方式进行综合素质评价，以拔尖创新人才培养的模式促进个性化学习，让智慧学习助力"减负增效"。

综合素质评价有引领的作用，我们希望给学生一个数字画像。翔宇学院里面有若干个课程，所有的内容都可以进行数字画像。我们对学生进行多维度的画像，包括与世界对话培养国际视野、与社会对话培养公民素养、与自我对话助力健康成长、培养美育素养、培养文化自信、体能监测评估、劳动教育与技术结合培养实践能力，等等。这个大数据平台每天都可以更新，作为校长也可以看到每个校区在资源利用、教师的进入和学生交流中数据的更新过程。

数字教育过程中的个性化学习非常重要，我们特别倡导拔尖创新人才培养的平台和氛围。在个性化培养的过程中，我们利用数字教育激发学生的学习兴趣和学习潜能，这种潜能是无限的。我们与中科院计算所开源芯片研究院合作，让学生做"一生一芯"的计划，打破了大家对芯片高大上的印象，实际上芯片放大了就是一个集成电路。初一学生就开始进行集成电路的学习了，我们希望通过这个过程，让学生从小对这个领域感兴趣，一旦确定了一个目标，就会激发其学习的动力、产生好的影响。

智慧学习的减负增效作业平台，目前正在初二年级全面推进，今后所有年级的所有学科都会通过智慧学习平台来加强作业的管理，落实好"双减"的工作。疫情期间，远程教学时，教学/作业评价依然顺畅实时便捷，无须改变师生线下日常教学习惯。通过OCR技术，教师在这个平台上布置作业，学生正常纸笔答题，然后扫描或者手机拍照上传，教师借助系统快捷批改作业，及时反馈给学生，从而实现教与学的快速、精准。智慧作业系统可以做到每位学生每天的作业都不一样，从而实现分组作业、分层作业、分类作业的目的。

通过这个系统、平台还可以控制作业总量、沉淀学生错题本、帮助教师进行大数据分析、加强学生睡眠管理。PAD课堂可以实现"教—学—评"一体化，我们学校有600台PAD，学校近4600人可以共享，基本可以全覆盖，每位学生用账号登录后，所有的后台数据在家里的电脑上也可以下载，学生所有学习过程在这个系统中能够全部呈现。

比如，英语课程围绕"聚会"（Parties）展开，通过听力输入和口头输出，帮助学生了解"聚会"的类型，对比中西方文化背景下"聚会"礼仪的异同，从而提升学生的跨文化意识和交际能力。整堂课将Classin在线课堂和"科大讯飞英语听说教学系统"完美结合，充分体现了"智慧课堂"的共享性和开放性。

再比如，初中物理"磁场"一课。在传统课堂中讲授相对困难，整节课利用了"101智慧课堂智慧云教学系统"进行授课，并运用Classin平台开展了异地同步课堂、发布实验任务、随机抽问、传自主探究作业、自我评价等环节，引导学生思考，发散学生思维，激发学生对于该课程的兴趣。

北京一零一中教育集团在信息化建设的过程中，以人为本，以学习者为中心，以师生成长共同体为目标，构建智慧、开放、共享的全新教育生态。在智慧教育、信息技术引领下，在教学模式、学习空间、课程体系、组织管理模式等方面精细打磨，建立统一、标准的教学平台；提供灵活、智慧、多元的线上线下深度融合教学模式；提供泛在、多元、灵动、深度、无边界、基于数据的个性化智慧学习体系；提供标准、个性、链接、跨校区、跨学科的课程体系、教研体系，促进集团各校区均衡发展。

我们希望在数字化和场景化方面更好地做到智能化，智能化和信息化的目的是为教育赋能，进一步提升教育的品质。在数字教育的路上，我们与未来对话，用智慧前行。

一直走在创新变革的路上

陆云泉，北京一零一中校长，管理学博士、特级教师、特级校长、北京市特级教师协会会长，全国模范教师，曾多次获得国家级和海淀区优秀科研成果奖。

作为北京一零一中校长，也是北京一零一中教育集团总校长，陆云泉是海淀区千万人才大军中的一分子。

16 年前，陆云泉还在家乡无锡的两所百年老校、省重点中学里忙碌：从数学老师到班主任，再到中层干部，后来成为校级领导。那时候，他就是江苏省"333 人才工程"重点培养的具有省内领先水平的省级优秀人才。

海淀区一向重视人才、爱才惜才，以海纳百川的胸怀，欢迎四方贤达来聚。2005 年，海淀区政府以人才引进的方式将陆云泉引入北京市市级示范高中——北京一零一中担任教学副校长。

一、千里之足，幸不辱命

陆云泉从江南水乡来到北京一零一中，在老校长郭涵的领导下将全部身心投入学校课程改革和教学活动当中，悉心教授、管理教育教学工作，牵头起草人文实验班课程草案，全面实施北京一零一中的高中新课程改革，为北京一零一中课程改革立下了汗马功劳。

2011 年 4 月，陆云泉被海淀区委教育工委调到北京理工大学附属中学任党委书记、校长。上任不久的他就着手学校教育改革，促成海淀区较薄弱的车道沟小学与北京理工大学附属中学合并，变成理工附中的小学部。当时，身处胡同里的车道沟小学教育教学质量很薄弱且不稳定，合并一年后，小学的整体面貌得到明显改观，成为周边居民非常认可的学校。紧接着，又跟北京理工大学加强合作，开始在理工附中创办"理工实验班"，打通中学与大学之间的育人通道，理工大学又把理工附小委托理工附中管理，开创了大学委托地方管理所属学校的先河。短短的4年时间，理工附中打通了大中小学课程一体化、育人一体化通道，赢得了非常好的社会口碑。

无论在北京一零一中，还是在理工附中，陆云泉在教育教学改革中的出色表现，得到了百姓的认可和上级领导的肯定。2014年他服从组织安排，去接管海淀区最薄弱的一所山后学校——北京市第四十七中学，兼任该校书记、校长，为学校的稳定和发展做了大量工作。2015年4月，因组织需要又被任命为海淀区委教育工委副书记、区教委主任，跟班子成员一起推进全区教育综合改革，把海淀的基础教育跟人才的发展相结合，成立了海淀区少年科学院，实施青少年科技教育、创新人才培养，推进高层次人才培养，夯实了海淀教育向高位优质均衡发展的基础。

2018年9月，时任北京一零一中校长郭涵退休，深耕北京一零一中20余载的郭校长向组织提出，希望陆云泉同志能接替她来管理北京一零一中，而曾经在此工作了6年的陆云泉同样对北京一零一中有着很深的感情，他深思熟虑之后向区委辞去了区教委主任职务，接棒北京一零一中。一向视教育为"命根子"的海淀，成全了陆云泉的心愿。

谈到海淀区对教育工作的重视、对人才的尊重，陆云泉心里充满感激。他说，到北京工作以来只有十多年的时间，能取得今天的成就，完全得益于在北京、在海淀这片沃土，海淀是特别适合人才成长的地方，区委区政府的包容、开放为海淀的人才发展营造了一个很好的环境，他说："海淀为什么有中关村？为什么出那么多人才和优秀企业？跟格局、跟环境是密不可分的，地方党委和政府如果不能高瞻远瞩，就不可能有一个好的成长空间和平台，人才就难以脱颖而出。"

诚然，致天下之治者在人才，成天下之才者在平台。一个人无论多优秀，都需要有一个平台来展示自己。才华如一粒种子，如果没有一片土地，这颗种子便无法扎根成长；而种子成长茁壮与否，要看这片土地的肥沃程度。优秀的平台，会给我们更多的机会，更多的资源，能够让一个人更好地实现自我、走向成功。

教育是海淀的"命根子""金名片"。区委区政府实施教育优先发展战略，鼓励创新、简政放权，尊重校长、尊重人才，在政策、经费等方面给予教育很多支持，营造了良好的教育生态。

海淀区是教育大区，教育形态多样。从地域分布来看，既有城区学校，又有农村学校；从办学主体来看，既有公办学校，又有大学办的附中附小，还有民办学校和国际学校；从发展状况来看，既有全国最优秀的学校，也有需要提升的学校；从教育结构来看，既有独立的小学、初中和高中，也有九年一贯制或十二年一体的学校；从办学类型来看，既有普通高中，也有职业高中、特殊教育学校。针对这些情况，海淀区在新一轮教育改革中，在党中央提出"创新、协调、绿色、开放、共享"五大发展理念的指引下，更加聚焦于通过转变行政管理职能，搭建发展平台，一方面努力提升整体教育品质，一方面努力保持海淀区教育生态的多样化，让不同的学校保持和发展不同特色，提供多元的教育服务和教育供给。所以，教育行政部门赋予校长一定的办学自主权，强调在基本的原则和框架之下，校长依法办学，教师依法执教。经过这样的改革，海淀区各类学校的发展都非常快，其中包括北京一零一中。

2019年5月10日，在北京市中小学集团化办学已被北京市纳入市政府民生实事的大背景下，成立北京一零一中教育集团，由校长陆云泉担任集团总校长，走上了改革创新的发展大道。

二、改革创新"六六六"

从2019年5月成立北京一零一中教育集团以来，集团在北京市已经拥有了16个校区，包括独立的幼儿园、小学、九年一贯制的学校、完中。怀柔、大兴都各有一所分校，其中海淀北部的温泉校区从一所普通新建校变为海淀北部优质校,成为当地老百姓最向往的学校,不但规模上来了,中考成绩也提高了很多。2020年,北京一零一中被评为全国文明校园、普通高中新课程新教材实施的国家级示范校,成功立项了学校集团化治理的一个社科基金的国家级课题。

在陆云泉看来,之前几年在海淀区教委工作的行政经历对他是一个非常好的历练,正如他所言:"当区教委主任的经历对于回过头来办学校是非常有益的。以前理解的教育只是点上的,只考虑一所学校,现在能够从面上、整体上、战略上去思考,也更理解党和政府对教育改革的宏观布局,更有大局观了。"在陆云泉校长的带领下,实施集团化办学的北京一零一中,按照全区确定的教育改革方向,实行了诸如"九年一贯制""强弱搭配,以强带弱"等一系列变革。

最可称道的是集团实施的三个"六":针对集团化办学的治理方式,学校成立了六大中心:学校发展中心、教师发展中心、学生发展中心、课程教育中心、国际教育中心、后勤保障中心。在六大中心的推动下,又实行了六个一体化,即总校六大中心对各个分校实行垂直管理:管理机制一体化、资源配置一体化、课程教学一体化、教师培训一体化、质量评价一体化、学生培养一体化。与此同时,确立北京一零一中发展的愿景:致力于建设一所中国特色、国际一流的基础教育学校。为实现这个愿景,确定了六个一流:一流的教育理念、一流的课程教学、一流的设备设施、一流的管理能力、一流的教师队伍、一流的教育质量。

为达到这三个"六",又成立了三大学院:英才学院、翔宇学院、GITD学院。英才学院对接的是国家强基计划和拔尖人才的培养,培养学生的科学素养和创新能力,与北京大学、北京理工大学、上海同济大学等合作实施"五个一",通过跨学科、混龄的方式开启未来教育的新模式;翔宇学院主要是对学生人文素养和实践能力的培养,创立实践基地,跟驻区高新企业合作,将企业作为学生的实验基地,拓展校外实践活动,让学生学习跟生活、跟社会对接。针对学生的特长、个性,学校还成立了100多个学生社团,以此培养各类人才;GITD学院主要培养具有家国情怀、国际视野的国际英才。

学生京剧社团展演

陆云泉说：三个学院的整体运作模式用的都是课后和假期的业余时间，按照学生兴趣，多样多元发展，这很好回应了学校如何提供更多元的这样一种模式，家长不用再把孩子们送到培训机构去了。这一改革成效，在当前"双减"专项治理过程中拭目以待。